MANUAL DE PRÁCTICAS DE PSICOLOGÍA EVOLUTIVA EN PRIMER CICLO DE EDUCACIÓN INFANTIL

Nieves Gomis Selva
Vicente Sánchez Colodrero
Beatriz Delgado Domenech
Carmen Rosa Mañas Viejo

Manual de prácticas de Psicología Evolutiva en primer ciclo de Educación Infantil

© Nieves Gomis Selva
  Vicente Sánchez Colodrero
  Beatriz Delgado Domenech
  Carmen Rosa Mañas Viejo

ISBN: 978-84-15941-12-5
Depósito legal: A 406-2013

Edita: Editorial Club Universitario Telf.: 96 567 61 33
C/ Decano, n.º 4 - 03690 San Vicente (Alicante)
www.ecu.fm
ecu@ecu.fm

Printed in Spain
Imprime: Imprenta Gamma Telf.: 96 567 19 87
C/ Cottolengo, n.º 25 - 03690 San Vicente (Alicante)
www.gamma.fm
gamma@gamma.fm

ÍNDICE

1. INTRODUCCIÓN

La nueva perspectiva europea de educación superior modifica sustancial-mente el modo de enfocar los procesos de enseñanza-aprendizaje en las aulas universitarias, demandando al estudiante mayor responsabilidad, autonomía, implicación y compromiso (Bernal, 2006) y distinguiendo las horas presenciales y de trabajo autónomo que el estudiante debe hacer para alcanzar los objetivos formativos de cada una de las materias del plan de estudios (RD 1125/2003).

Este libro surge de la necesidad de crear nuevos materiales y actividades para desarrollar las competencias y trabajar los contenidos de la asignatura de Psicología Evolutiva 0-3 del Grado de Maestro de Educación Infantil según las orientaciones del Espacio Europeo de Educación Superior (EEES; RD 55/2005). La asignatura tiene el propósito de introducir al alumnado en contenidos fundamentales del proceso evolutivo del menor. Sus contenidos se centran en los principales hitos del desarrollo humano (físico, cognitivo, emocional, social, moral etc.) desde el nacimiento hasta los 3 años y su implicación en el aprendizaje. También se presentan las principales teorías explicativas de la evolución humana, así como la implicación que tiene el maestro en el desarrollo integral de los niños en el primer ciclo de Educación Infantil.

Por tanto, esta asignatura asienta la base a partir de la cual el alumnado puede entender las características de sus estudiantes para optimizar tanto su desarrollo como el proceso de enseñanza-aprendizaje que ayudan al estudiante a aproximarse a la realidad de su futura labor como docente en Educación Infantil. El contenido de este libro se organiza en quince fichas y siete casos prácticos diseñados teniendo en cuenta el desarrollo de las competencias propias del área de estudio, y con el objetivo de complementar y profundizar en los contenidos teóricos desde una vertiente práctica y de aplicación directa en contextos reales. Cada actividad incluye una introducción y justificación del tema, los objetivos y el procedimiento del trabajo, lecturas recomendadas y actividades arternativas para profundizar dentro de la temática.

Teniendo en cuenta estos aspectos, este material ofrece amplias posibili-dades para ser utilizado como cuaderno de prácticas de Psicología Evolutiva ya que permite el seguimiento de las sesiones prácticas de las materias de esta área y las indicaciones necesarias para gestionar el proceso de enseñanza-aprendizaje de manera eficaz para el docente y los alumnos.

2. ORIENTACIONES PARA LA REALIZACIÓN DE LAS PRÁCTICAS Y CASOS

A continuación se indican algunas orientaciones dirigidas a facilitar la comprensión y uso de esta guía, tanto para estudiantes como para docentes.

En primer lugar, es necesario diferenciar entre **trabajo tutorizado** y **trabajo autónomo**. Estas modalidades de trabajo quedan especificadas dentro del procedimiento de cada práctica para acotar las tareas que son dirigidas por el profesor (trabajo tutorizado) de aquellas no dirigidas por el docente (trabajo autónomo). En el primer caso, el profesor debe intervenir directamente sobre la tarea en cuestión con el fin de guiar el proceso de enseñanza-aprendizaje y facilitar la construcción de conocimiento a través de la interacción y la actividad de los estudiantes. Por el contrario, en las tareas autónomas, los estudiantes, como únicos protagonistas de su aprendizaje, realizan las actividades sin supervisión del docente, desarrollando así su capacidad de autoaprendizaje.

En segundo lugar, cada práctica cuenta con una **actividad alternativa** diseñada para profundizar en la temática de la misma. Estas prácticas voluntarias son propuestas para que aquellos estudiantes interesados en la materia de trabajo puedan alcanzar una mayor comprensión y conocimiento sobre el tema. Dichas actividades serán evaluadas como complemento a la calificación final de las prácticas.

Además, la totalidad de actividades prácticas y casos deben cumplir con las siguientes **normas de trabajo**:

1. Se debe utilizar un lenguaje para la igualdad en la comunicación (LIC).
2. La autoría de las fuentes consultadas se deberán citar siempre en el apartado de bibliografía.
3. Se deberá evitar la intertextualidad, y cuando se incluyan citas literales se debe indicar su referencia.
4. El trabajo escrito tendrá la extensión que cada alumno estime oportuno para su realización, siempre y cuando se ajuste a las especificaciones de cada práctica.

5. El formato recomendado para los trabajos es: letra Arial, tamaño 12; justificado; 1,5 interlineado de párrafo; y 2,5 para márgenes.

El esquema de los informes de las prácticas varía sensiblemente de una práctica a otra. No obstante, se sugiere a los alumnos que incluyan en cada trabajo una portada que contenga: el número y nombre de la práctica, el nombre y apellidos de los estudiantes, el grupo de prácticas al que pertenecen, el título del grado y el curso académico. Asimismo, se recomienda a los alumnos que desarrollen un apartado final en sus prácticas llamado "opinión personal" que recoja una reflexión personal sobre cómo se ha llevado a cabo la práctica en el grupo, las dificultades encontradas en su realización, el grado de satisfacción, de la práctica y su aplicabilidad educativa de los contenidos trabajados en la actividad.

Considerando la importancia de desarrollar habilidades de **búsqueda de información** eficaces y rigurosas en el alumnado, se valorará positivamente el uso de diferentes recursos y fuentes de información como libros y revistas científicas (bibliotecas), Internet y fuentes audiovisuales.

Finalmente, la **evaluación** de las actividades prácticas será realizada principalmente por el profesor de la asignatura. Los criterios de evaluación para las prácticas son: presentación y apoyo gráfico, redacción y claridad de ideas, estructura, vocabulario y nivel científico, creatividad, justificación de los argumentos, capacidad y riqueza del análisis crítico, ortografía y gramática, calidad y actualización de la bibliografía consultada y bibliografía referenciadas según las normas de la *American Psychological Association* (APA). Los criterios de evaluación para las exposiciones orales son: habla y fluidez, adecuación del vocabulario, postura corporal y contacto visual, implicación y entusiasmo transmitido y calidad del material de apoyo gráfico.

3. FICHAS DE PRÁCTICAS

PRÁCTICA 1.
QUIÉN ES QUIÉN

INTRODUCCIÓN

Antes de comenzar cualquier asignatura es necesario y conveniente que los alumnos conozcan los aspectos curriculares de la materia (objetivos, contenidos, métodos pedagógicos y criterios de evaluación) y quiénes van a compartir de manera personal el proceso de enseñanza-aprendizaje, es decir, algunos aspectos personales, profesionales y competenciales del docente y de los compañeros que componen el grupo clase. Para ello las actividades de dinámicas de grupos son una herramienta muy útil, amena y de fácil aplicación que favorecen el conocimiento de los miembros del grupo y su interacción.

Esta práctica es una dinámica de grupo que permite conocer aspectos de los alumnos del grupo que en el transcurso del curso pueden ser de utilidad y práctica. Estos aspectos pueden referirse a aspectos personales, profesionales y competenciales que tengan los alumnos.

OBJETIVOS

1) Conocer aspectos personales, profesionales y competenciales de los alumnos útiles para dinamizar la asignatura.
2) Favorecer el conocimiento personal de los miembros del grupo-clase.

PROCEDIMIENTO

PRIMERA PARTE: Trabajo tutorizado.
La práctica consiste en completar el cuestionario adjunto en un tiempo determinado por el docente según las siguientes normas.
- Para rellenar el cuestionario se marcará un tiempo determinado.
- En cada respuesta solo puede haber escrito el nombre de un compañero o compañera.
- No se pueden repetir los nombres.

El cuestionario finaliza cuando el tiempo determinado se complete. "Ganará" aquel alumno que termine el cuestionario el primero o que, al finalizar el tiempo establecido, tenga más respuestas (nombres) completados.

Al final se pondrán en común las conclusiones y aportaciones que nos ha supuesto la realización de la actividad así como la valoración de la misma.

CUESTIONARIO

1. Una persona que su nombre comience por la misma letra que el mío.
   _____

2. Una persona que esté trabajando en una escuela infantil.
   _____

3. Una persona que esté dando clases a niños o niñas de infantil.
   _____

4. Una persona que esté dando clases particulares a niños o niñas de primaria.
   _____

5. Una persona que tenga, al menos, un hijo entre 0 y 3 años.
   _____

6. Una persona que tenga, al menos, una hija entre 0 y 6 años.
   _____

7. Una persona que tenga primos o primas, hijos o hijas de amigos, vecinos o vecinas cercanos con niños o niñas de entre 0-6 años.
   _____

8. Una persona que le guste y tenga buenas habilidades con la informática.
   _____

9. Una persona que viva en mi pueblo/ciudad (no puede ser conocido).
   _____

10. Una persona que haya estudiado técnico superior en Educación Infantil.
    _____

11. Una persona que colabore o conozca alguna asociación, ONG, etc., relacionada con la infancia.
    _____

12. Una persona que tenga, al menos, un niño o niña de 3 a 6 años.
    _____

13. Una persona que tenga, al menos, un niño o niña de 6 a 12 años.
    _____

14. Una persona que tenga otra titulación distinta a técnico superior de infantil.

   _____

15. Una persona que haya cambiado de vivienda o ciudad al menos una vez.

   _____

16. Una persona que su madre sea maestra de infantil.

   _____

17. Una persona que algún familiar suyo (tío o tía, hermano o hermana, primo o prima, etc.) trabaja como maestro o maestra de infantil.

   _____

18. Una persona que esté cuidando a algún niño o niña de 0 a 6 años.

   _____

19. Una persona que tenga un ordenador MAC.

   _____

20. Una persona cuyo cumpleaños es el mismo mes que el mío.

   _____

21. Una persona que toque algún instrumento musical.

   _____

PRÁCTICA 2.
CUESTIONARIO DE CONOCIMIENTOS PREVIOS

1. INTRODUCCIÓN

El espacio europeo de educación superior (EEES) favorece una nueva metodología en la praxis docente con el alumnado. La evaluación de los conocimientos previos de las diferentes asignaturas que el alumnado realiza pasa a ser un elemento clave para mejorar la calidad de la docencia universitaria.

El establecimiento de un buen vínculo educativo entre el profesorado y el alumnado universitario es fundamental para ayudar en el estudio, análisis y reflexión de la actividad académica realizada por el alumnado. Por este motivo, para una buena planificación de la intervención educativa, se deben conocer los contenidos que van a ser tratados con los y las estudiantes, y poder disponer de información para prevenir las posibles dificultades de aprendizaje que puedan surgir en el desarrollo de la asignatura.

2. OBJETIVOS

1) Analizar las competencias que se desarrollarán en el estudio de la asignatura Psicología Evolutiva de 0 a 3 años.
2) Iniciar al alumnado en el análisis de los aspectos principales que intervienen en el desarrollo evolutivo.
3) Reflexionar y tomar en consideración los valores que se transmiten desde las instituciones educativas de atención a la infancia.
4) Analizar las aportaciones realizadas por compañeros de clase, acerca de los contenidos de la asignatura de Psicología Evolutiva de 0 a 3 años.

3. PROCEDIMIENTO

PRIMERA PARTE: Trabajo tutorizado

1) En primer lugar, el alumno contestará a las cuestiones que aparecen en el anexo de la práctica.
2) En segundo lugar, en grupo se comentarán las respuestas y el docente añadirá comentarios.

SEGUNDA PARTE: Trabajo autónomo

Cada alumno elaborará por ordenador el INFORME DE LA PRÁCTICA según el siguiente esquema:
1) Introducción.
2) Cuestionario individual anexo.
3) Cometarios grupales y notas.
4) Valoración general de la práctica.
5) Bibliografía y webgrafía.

4. ACTIVIDAD ALTERNATIVA

El alumno elaborará por ordenador el INFORME DE LA PRÁCTICA según el siguiente esquema:
1) Introducción
2) Cuestionario individual anexo.
3) Valoración general de la práctica.
4) Bibliografía y webgrafía.

CUESTIONARIO

1. ¿Qué te gustaría conocer y aprender a través de las asignaturas Psicología Evolutiva de 0 a 3 años y Psicología Evolutiva de 3 a 6 años?
2. ¿Cuáles consideras que son los fines de la Educación?
3. ¿Cuáles crees que son los papeles de un maestro o maestra de Educación infantil de 0 a 6 años?
4. Describe brevemente el maestro o maestra, profesor o profesora que más te gustó y el que menos te gustó a lo largo de toda tu trayectoria formativa. ¿Por qué? Destaca el nivel en el que impartía docencia, características personales y profesionales, etc.
5. Describe tu alumno o alumna ideal.
6. ¿Cuáles consideras que son los factores o variables que favorecen o dificultan el desarrollo evolutivo de un niño de Educación Infantil?
7. Describe cómo serían, según tu criterio, la familia ideal de un niño de infantil.
8. ¿Crees que las familias deben participar y colaborar en la escuela? En caso afirmativo, ¿cómo te gustaría que lo hicieran en tu aula? Pon un ejemplo.

9. ¿Cuál o cuáles consideras que son los objetivos fundamentales de la escuela infantil de 0 a 3 años? ¿Qué aspectos consideras prioritarios trabajar con los niños de estas edades?

5. BIBLIOGRAFÍA

- Palacios, J., Marchesi, A y Coll, C (2004). *Desarrollo psicológico y educación. Tomo I: Psicología evolutiva.* 2.ª Ed. Madrid, Alianza editorial.
- Berk, L.E. (2004). *Desarrollo del niño y del adolescente.* 4.ª Ed. Madrid, Prentice Hall.
- Berger. K.S. y Thomson, R.A. (2001). *Psicología del desarrollo: infancia y adolescencia.* Madrid. Medica Panamericana.
- Ley Orgánica 6/2001, de 21 de diciembre, de Universidades modificada por la Ley 4/2007, de 12 de abril.

PRÁCTICA 3.
CREACIÓN DE UN BLOG: PSICOLOGÍA EVOLUTIVA PARA TODOS

INTRODUCCIÓN

El alumno universitario de hoy tiene adquiridas competencias tecnológicas que suponen un dominio de las tecnologías de la información y la comunicación (TIC) muy avanzado y un uso de las redes sociales muy continuado.

Esto supone que estos alumnos aprenden buena parte de los contenidos de las asignaturas no solo a través del uso de manuales de texto recomendados por el docente sino que muchos conceptos son adquiridos y trabajados a partir de la búsqueda, análisis y la reflexión de documentos que se encuentran en internet.

Por tanto, teniendo en cuenta estos aspectos, vamos a aprovechar esta competencia para favorecer el aprendizaje y la motivación de los alumnos por la asignatura mediante la creación de un blog específico de la asignatura.

OBJETIVOS

1) Dinamizar las asignaturas de psicología evolutiva en el grado de Educación Infantil utilizando las tecnologías de la información y la comunicación (TIC) como herramienta y soporte de trabajo.
2) Implicar a los alumnos en su propio aprendizaje y en la creación de la asignatura.
3) Crear un blog para trabajar los contenidos de la asignatura.

PROCEDIMIENTO

El docente creará el blog "Psicología evolutiva para todos". Este blog contendrá la estructura de base, los contenidos fundamentales y la organización de los conocimientos. El contenido se centrará en el aporte de materiales, noticias, comentarios, actividades, etc., relacionados con esta área de conocimiento y áreas afines (psicología de la educación, didáctica, trastornos del desarrollo, etc.).

Partiendo de esta estructura, los alumnos por grupos serán los encargados de mantener y dinamizar el blog. La estructura se mantendrá abierta y flexible a sugerencias y aportaciones de los alumnos que permitan dinamizar e innovar en los contenidos o en las formas de trabajo.

El contenido del blog deberá adaptarse a todo tipo de público relacionado con el campo educativo (padres, docentes en activo, compañeros de la universidad, alumnos, personas interesadas en los temas tratados, etc.).

Dado que el blog se creará para toda la asignatura, la evaluación del mismo será continua.

Los criterios de evaluación del contenido del blog serán:
- Cantidad de aportaciones realizadas por cada grupo a partir de un mínimo establecido y no más de un máximo pactado.
- Calidad del material aportado y los comentarios realizados.
- Corrección ortográfica y gramatical.
- Creatividad en las aportaciones.

PRÁCTICA 4.
ESTILOS DE REFERENCIA

INTRODUCCIÓN

La utilización de referencias es una práctica habitual en las disciplinas que generan conocimiento. La adopción de un estilo de referencia compartido facilita la elaboración y redacción de trabajos, así como la comprensión por parte de otros profesionales interesados por disciplinas afines. Por ello, es imprescindible que los futuros profesionales de la educación posean habilidades para referenciar trabajos elaborados por otros/as autores/as en sus informes y dosieres.

OBJETIVOS

1) Conocer la importancia del uso de las referencias para dar soporte y reconocimiento a la autoría de las ideas científicas de otras personas.
2) Analizar las normas de estilo de referencia de la Asociación Americana de Psicología (APA), como modelo para el referenciado en educación.
3) Iniciar e instruir al alumnado en la forma correcta de redactar las citas y referencias bibliográficas.
4) Examinar diferente documentación bibliográfica y referenciarla según las normas de la APA.

PROCEDIMIENTO

PRIMERA PARTE: Trabajo autónomo.

La práctica se iniciará de manera individual leyendo el documento "Estilos de referencia", que el alumnado se descargará de la RUA en el siguiente enlace: http://hdl.handle.net/10045/18839

SEGUNDA PARTE: Trabajo tutorizado

Con el análisis de la lectura del documento "Estilos de referencia", el alumnado participará en las explicaciones que el profesorado dará sobre este tema.

En segundo lugar, por grupos, los alumnos tendrán que analizar y corregirán el documento anexo. En este documento tendrán que detectar los errores de un listado de referencias bibliográficas dado.

TERCERA PARTE: Trabajo autónomo

El alumnado elaborará por ordenador el INFORME DE LA PRÁCTICA según el siguiente esquema:

1) Introducción.
2) Listado de las referencias bibliográficas trabajadas en clase.
3) Comentarios y conclusiones grupales.
4) Valoración de la práctica.
5) Bibliografía.

ACTIVIDAD ALTERNATIVA

El alumnado leerá el documento "Estilos de referencia", que se descargará de la RUA en el siguiente enlace: http://hdl.handle.net/10045/18839

Tomando como referencia el documento, tendrá que analizar y corregir el documento anexo. En este documento tendrá que detectar los errores de un listado de referencias bibliográficas dado.

También realizará una búsqueda y comentario de información de 6 fuentes bibliográficas (Internet, artículos, libros, etc.) que amplíen el tema trabajado en la práctica.

Por último, el alumno elaborará en formato digital el INFORME DE LA PRÁCTICA según el siguiente esquema:

1) Introducción.
2) Listado de las referencias bibliográficas corregidas.
3) Comentarios y conclusiones de la búsqueda de fuentes bibliográficas.
4) Valoración de la práctica.
5) Bibliografía y webgrafía.

BIBLIOGRAFÍA

- Viveros, S. (2010). *Manual de publicaciones de la American Psychological Association* (3.ª ed.). México, El manual moderno.

- American Psychological Association (2010). *Publication manual of the American Psychological Association* (6th de). Washington, DC:APA.

ANEXO

Detecta los errores en las siguientes referencias bibliográficas según las normas APA.

Adroher, Casanova, Navarra y Rius (1995). L'ensenyament-aprenentatge de la lectoescriptura sota enfocament constructivista. *Guix, 213-214,* 99-106.

Arriaza, J.C. 2006. *Cuentos para hablar. Cuentos para la estimulación del lenguaje oral: praxias, ritmo, vocabulario, comprensión y expresión.* Madrid: CEPE.

Aucouturier, B.(1997). Introducción a la Práctica Psicomotriz. Aula de Innovación Educativa, *136,* 79-83.

Benlloch, M. (2002). D'il·lusió també s'ensenya: Els bits d'intel·ligència o comaprendre a dirnoms. *Infancia,* 7-11.

Bernal, J.L. (2006). *Pautas para el diseño de una asignatura desde la perspectiva de los ECTS.* Zaragoza.

Bernson, M. (1962). Del garabato al dibujo (Evolución gráfica de los niños pequeños). Ed. Kapelusz.

Berruezo, P.P. La psicomotricidad en España: de un pasado de incomprensión a un futuro de esperanza. *Psicomotricidad. Revista de Estudios y Experiencias,* 53,

Berruezo, P.P (2000): El contenido de la psicomotricidad. En Bottini, P. (ed.) *Psicomotricidad: prácticas y conceptos.* Madrid: Miño y Dávila.

Bettelheim, B., Zelan, K. (2001). Aprender a leer. Ed. Crítica.

Biniés, P. (1997) La práctica psicomotriu: El joc i la acció. *Infància Revista de l'Associació de mestres Rosa Sensat, 94.* 9-11.

Laura y Gregorio. (Eds.) (2002). *Manual de estilo de publicaciones de la American Psychologycal Association.* Santafé de Bogotá: El Manual Moderno.

Canal Documanía (1998).*Niños japoneses, la competencia sin límites.* [Video de you tube].

Castells, N. (2009*). La problemática de los métodos de enseñanza de la lectura: ¿qué sabemos en este momento? Aula de Innovación Educativa, 179,* 29-32.

Doman, G. (2008). *CÓMO ENSEÑAR A LEER A SU BEBÉ.* Madrid: Ed. Edaf

Ferreiro, E. (1998, 2004). *Nuevas perspectivas sobre los procesos de lectura y escritura.* Madrid: Ed. Siglo XXI.

GARCÍA COLMENARES C. (2006). Autoridad femenina y reconstrucción biográfica: el caso de las primeras psicólogas españolas. *Revista de investigación en educación 3,* 51-70. Disponible en: http://webs.uvigo.es/reined/ojs/index.php/reined/article/viewFile/22/13

García Dauder, S. (2005). *Psicología y feminismo. Historia olvidada de las mujeres pioneras en psicología.* Madrid, Barcelona y Valencia: Narcea.

Gardner, (2001). *La inteligencia reformulada: las inteligencias múltiples en el siglo XXI.* Barcelona. Paidos.

Gardner, H., Feldman, D., y Krechevsky, M (2000) El proyecto Spectrum. Tomo I. *Construir sobre las capacidades infantiles.* Madrid: MEC/Morata.

Gardner, H, Feldman, D, y Krechevsky, M (2000b) El proyecto Spectrum. Tomo II. *Actividades de aprendizaje en Educación Infantil.* Madrid: MEC/Morata.

Gardner, H., Feldman, D., y Krechevsky, M (2000c) El proyecto Spectrum. Tomo III. *Manual de evaluación para educación infantil.* Madrid: MEC/Morata.

Guerrero, P y López, A. (1999). *El taller de la lengua y la literatura*. Murcia: Ed. Regional.

Honoré, C (2009). Tecnología: bytes de realidad. En Honoré, Bajo presión. Como educar a nuestros hijos en un mundo hiperexigente. (pp 103-125). Barcelona: RBA, Alianza editorial y ECU

Horno, J. (1998). *Entrevista a Pepa Horno*. [Video]. Disponible en: VIMEO

Horno, P. (2008). Salvaguardar los derechos desde la escuela: educación afectivo-sexual para la prevención primaria del maltrato infantil. *Revista de Educación 347*, 127-140. Disponible en la web

Las inteligencias múltiple: diferentes formas de enseñar y aprender. Prieto, M.D y Ballester, P. (2003). Madrid: Ediciones Pir.

Redes, RTVE (2010). *No me molestes, mamá, estoy aprendiendo*. [Video]. Disponible en la web.

Rodríguez Menéndez M.C., Torío López S. (2005),"El discurso de género del profesorado de educación infantil: hablando acerca de la ética del cuidado", *Revista Complutense de Educación,* 16

Serrano, M (2006). Estimulación del lenguaje oral en educación infantil. En *Revista Digital Investigación y Educación,* 22. Disponible en: http://www.csi-csif.es/andalucia/modules/mod_sevilla/archivos/revistaense/n22/nivel_educacion_infantil_titulo_la_estimulacion_del_lenguaje_oral_en_educacion_infantil_autora_mila_serrano_gonzalez.pdf

Small, G. y Vorgan, G. (2008). *Nuestro cerebro está evolucionando*. En G. Small y G. Vorgan, El cerebro digital: cómo las nuevas tecnologías están cambiando nuestra mente (pp. 15-38). Barcelona:Agencia literaria.

Estrategias de lectura. Barcelona: Ed. Graó.

Solé, I. (2000). Leer, escribir y aprender. *Aula de Innovación Educativa, 96*, 6-9, 25-34

Teberosky, A. [1992]. *Aprendiendo a escribir*. Barcelona: Horsori-ICE

Teberosky, A. y Ferreiro, E. (1979). *Los sistemas de escritura en el desarrollo del niño*. Madrid: Ed.

Tolchinsky, L. y Teberosky, A. (1992). Al pie de la letra. Infancia y aprendizaje, 59/60, 101-30.

Tolchinsky, L., y Ríos, I. (2009). ¿Qué dicen los maestros que hacen para enseñar a leer y a escribir? *Aula de Innovación Educativa, 179*, 180,24-28

PRÁCTICA 5.
ASPECTOS DEL DESARROLLO EVOLUTIVO EN LA
LEGISLACIÓN DE LA ESCUELA INFANTIL

INTRODUCCIÓN

La Educación Infantil como etapa educativa con entidad propia está reconocida en la Ley Orgánica 2/2006, de 3 de mayo, de Educación (LOE) y en las disposiciones que la desarrollan.

Es por ello que esta práctica pretende, en primer lugar, contextualizar dicha etapa en la legislación vigente conociendo su estructura y organización y, en segundo lugar, analizar y reflexionar sobre los aspectos fundamentales del desarrollo en los que se basa el RD. 1630/2006 y D.37/2008.

Por otra parte, se analizarán las variables contextuales que contempla la legislación y que influyen en el desarrollo del/de la niño/a de edad infantil.

OBJETIVOS

1) Conocer la contextualización legislativa de la Educación Infantil en la Ley Orgánica 2/2006, de 3 de mayo, de Educación (LOE) y su posterior concreción curricular.

2) Conocer el RD.1630/2006, de 29 de septiembre, por el que se establecen las enseñanzas mínimas del segundo ciclo de Educación Infantil como marco de referencia estatal para el desarrollo curricular en Educación Infantil.

3) Iniciar al alumnado en el análisis de los aspectos principales del desarrollo evolutivo expuestos en el Decreto 37/2008, de 28 de marzo, del Consell, por el que se establece el currículo del primer ciclo de la Educación Infantil en la Comunitat Valenciana.

4) Sintetizar las ideas principales relacionadas con el desarrollo evolutivo que aparecen en el Decreto 37/2008.

5) Analizar y reflexionar sobre las competencias del niño/a de Educación Infantil.

6) Reflexionar sobre las aportaciones realizadas en clase acerca del Decreto 37/2008 de 28 de marzo, del Consell.

PROCEDIMIENTO

PRIMER PARTE: Trabajo autónomo

1) Lectura de:
   1. Ley Orgánica 2/2006, de 3 de mayo, de Educación (Articulado relacionado con la etapa de Educación Infantil).
   2. RD 1630/2006, de 29 de septiembre, por el que se establecen las enseñanzas mínimas del segundo ciclo de Educación Infantil.
   3. Decreto 37/2008, de 28 de marzo, del Consell, por el que se establecen los contenidos educativos del primer ciclo de la Educación Infantil en la Comunitat Valenciana.
2) Elaboración de preguntas del cuestionario (Anexo I).

SEGUNDA PARTE: Trabajo tutorizado

1) Con el análisis y las reflexiones de la lectura del Decreto y las preguntas elaboradas de manera individual, por parejas se pondrán en común cada una de las cuestiones destacando los aspectos fundamentales, coincidencias y discrepancias. Cada uno de los miembros de la pareja tomará nota de los aspectos más importantes comentados.
2) En gran grupo se pondrán en común las respuestas individuales junto a las respuestas establecidas en cada pareja. Todos los alumnos tomarán nota de las reflexiones y aspectos fundamentales que se comenten en clase y lo incorporarán al informe de la práctica.

TERCERA PARTE: Trabajo autónomo

Cada alumno elaborará por ordenador el INFORME DE LA PRÁCTICA según el siguiente esquema:

1) Introducción
2) Cuestionario individual (Anexo I).
3) Reflexiones en pareja.
4) Reflexiones en gran grupo y comentarios de clase.
5) Valoración personal de la práctica.
6) Bibliografía y webgrafia.

ACTIVIDAD ALTERNATIVA

El alumno elaborará por ordenador el INFORME DE LA PRÁCTICA según el siguiente esquema:
1. Introducción.
2. Cuestionario individual (Anexo I).
3. Comentario de las ideas principales del artículo: Vila, I. (2000). Aproximación a la educación infantil: características e implicaciones educativas en *Revista Iberoamericana de Educación*. N.º 22, pp. 41-60.
4. http://www.rieoei.org/rie22a02.htm
5. Valoración personal de la práctica.
6. Bibliografía y webgrafía.

BIBLIOGRAFÍA

- Ley Orgánica 2/2006, de 3 de mayo, de Educación.
- RD 1630/2008, de 29 de septiembre, por el que se establecen las enseñanzas mínimas del segundo ciclo de Educación Infantil.
- Decreto 37/2006, de 28 de marzo, del Consell, por el que se establecen los contenidos educativos del primer ciclo de la Educación Infantil en la Comunitat Valenciana. [2008/3829].
- Vila, I. (2000). Aproximación a la educación infantil: características e implicaciones educativas en *Revista Iberoamericana de Educación*. Nº22 pp41-60 http://www.rieoei.org/rie22a02.htm

CUESTIONARIO INDIVIDUAL
ANEXO I

1. Enumera los objetivos generales del primer ciclo de la Educación Infantil.
2. Cómo se estructuran los contenidos de la Educación Infantil.
3. Aspectos del desarrollo evolutivo que aparecen en cada una de las áreas del Decreto 37/2008 de 28 de marzo, del Consell, por el que se establecen los contenidos educativos del primer ciclo de la Educación Infantil en la Comunitat Valenciana.
4. ¿Cómo se contempla el contexto familiar en el RD 1630/2006 y el D 37/2008? Relevancia y orientaciones para el desarrollo evolutivo.

PRÁCTICA 6.
LA LLEGADA DE UN ALUMNO A LA ESCUELA INFANTIL

INTRODUCCIÓN

Uno de los acontecimientos que ocurren en los inicios del ciclo vital de nuestro entorno sociocultural es la incorporación a la escuela infantil. Este hecho es determinante en el desarrollo evolutivo del niño, ya que provoca un cambio importante en su contexto vital.

La escolarización de los niños conlleva un cambio fundamental en su existencia, ya que ellos tiene un papel dentro de su ámbito familiar que le hace sentirse seguros y queridos, y que la entrada al centro de Educación Infantil modificará, ampliará y diversificará en función de las interacciones que se desarrollen.

El término periodo de adaptación es utilizado para definir este proceso inicial de incorporación a la escuela infantil.

OBJETIVOS

1) Reflexionar sobre la importancia de los primeros contactos escolares entre la familia, el niño y la escuela.
2) Analizar el periodo de adaptación escolar y su influencia en el desarrollo del niño.
3) Conocer la importancia del contexto escolar como variable que influye en el desarrollo del niño.
4) Analizar y reflexionar sobre experiencias prácticas en contextos reales.
5) Debatir sobre las medidas que adoptar por parte de las familias y la escuela en el periodo de adaptación a la escuela infantil.
6) Conocer las dificultades que pueden surgir en el periodo de adaptación y su influencia en el desarrollo del niño.
7) Analizar la importancia de conocer las variables personales y contextuales del niño para favorecer un desarrollo armónico por parte del docente de la escuela infantil.
8) Determinar estrategias o medidas que favorezcan una adecuada adaptación escolar tanto para las familias como para el niño y la escuela.
9) Ampliar el conocimiento sobre los aspectos fundamentales del desarrollo infantil a partir de la búsqueda y la reflexión de información encontrada en distintas fuentes documentales (web, libros, artículos, etc).

PROCEDIMIENTO

PRIMERA PARTE: Trabajo tutorizado

Esta práctica se realizará en clase en gran grupo. La actividad consiste en un *rol playing* en el que se ejemplifiquen distintas situaciones que pueden surgir en el periodo de adaptación escolar en un centro de Educación Infantil.

Se iniciará la actividad con la escenificación a partir de una situación escolar. Para poder desarrollar la actividad en el escenario de clase solicitaremos que voluntariamcntc participe un alumno para representar un niño y otro alumno para representar un maestro.

La actividad se iniciará con la escenificación a partir de la siguiente pregunta:

¿Con qué llega un alumno a la escuela infantil?

Todos los alumnos podrán hacer sus aportaciones en voz alta. Cada aportación (por ejemplo: intereses, miedos, padre, madre, recursos, etc.) será representada por un alumno que saldrá al escenario de la clase y se colocará detrás del alumno que tienen el papel del niño.

Igualmente, incidiremos en la importancia de conocer el contexto familiar y social en el cual se desarrolla el niño para garantizar un buen ajuste entre la familia y la escuela.

En segundo lugar, escenificaremos la siguiente cuestión:

¿Con qué llega un maestro la escuela infantil?

Del mismo modo, todos los alumnos harán sus aportaciones en voz alta y los representantes de cada una se colocará detrás del maestro. A partir de esta escenificación reflexionaremos sobre los aspectos personales y profesionales con que llega un alumno al aula.

En tercer lugar, en clase se debatirán las cuestiones del Anexo I. Los alumnos tomarán notas que incluirán en el informe de la práctica.

SEGUNDA PARTE: Trabajo autónomo

A partir de las vivencias y experiencias propuestas en clase, el alumno redactará a ordenador los comentarios y las reflexiones grupales y responderá a las cuestiones del Anexo I.

Finalmente, elaborará el INFORME DE LA PRÁCTICA individualmente siguiendo el siguiente esquema:
1) Introducción.
2) Descripción de la actividad.
3) Aportaciones y comentarios realizados en gran grupo en el aula sobre los aspectos trabajados, reflexiones y dudas.
   ¿Con qué llega un alumno a la escuela infantil?
   ¿Con qué llega un maestro a la escuela infantil?
4) Cuestionario Anexo I.
5) Reflexión personal y valoración de la práctica.
6) Bibliografía y wegbrafía.

ACTIVIDAD ALTERNATIVA

Los alumnos que opten por realizar la práctica alternativa deberán responder a las cuestiones del Anexo I y del Anexo II y elaborar un INFORME DE LA PRÁCTICA individualmente siguiendo el siguiente esquema:
1. Introducción.
2. Cuestionario Anexo I.
3. Cuestionario Anexo II.
4. Reflexión personal y valoración de la práctica.
5. Bibliografía y webgrafía.

ANEXO I

1) ¿Qué entendemos por periodo de adaptación escolar? Definición y características.
2) ¿Cuánto tiempo dura el periodo de adaptación para los niños de la escuela infantil?
3) ¿A quién afecta y de qué modo el periodo de adaptación escolar?
4) ¿En qué medida consideras que puede afectar un periodo de adaptación conflictivo, tenso y desajustado al desarrollo físico, cognitivo, afectivo y social del niño?
5) Indica algunas medidas o estrategias que favorezcan el desarrollo de un periodo de adaptación armónico y sano.
6) Búsqueda y comentario de información de 3 fuentes bibliográficas (Internet, artículos, libros, etc.) que amplíen cualquiera de las cuestiones o temas trabajados en la práctica.

ANEXO II

1) En la relación entre la familia y la escuela infantil destaca los aspectos que consideras importantes para tener en cuenta. Razona tu respuesta y destaca tres ejemplos que argumenten tu respuesta.
2) ¿Qué características internas del alumno consideras importantes conocer en el periodo de adaptación a la escuela infantil para garantizar un buen desarrollo del niño?
3) ¿Qué características del contexto familiar o social del alumno consideras importantes conocer en el periodo de adaptación a la escuela infantil? Argumenta tu respuesta y destaca tres ejemplos que sustenten tu respuesta.
4) En qué medida y de qué manera consideras que las características familiares y el tipo de relación que establece entre padres/madres e hijos influye en el desarrollo del niño de 0 a 3 años.
5) Crees que la autoestima y la motivación del docente de la escuela infantil de 0-3 años puede influir en el desarrollo armónico del niño. Argumenta tu respuesta y señala dos ejemplos.
6) ¿En qué medida consideras importante la actualización y la profesionalización del docente de escuelas infantiles de 0 a 3 años?
7) Búsqueda y comentario de información de 5 fuentes bibliográficas (Internet, artículos, libros, etc.) que amplíen cualquiera de las cuestiones o temas trabajados en la práctica.

BIBLIOGRAFÍA

- Balabán, N. (2000). *Niños apegados, niños dependientes. Orientaciones para la escuela y la familia.* Madrid, Nancea.
- Bello, N., Boronat, T. y Olesti, M. (2005). Un tiempo para comentar y un tiempo para esperar. *Infancia,* 93, 22-25.
- Gómez, C. (2004). La conquista del espacio. El periodo de adaptación, *Infancia*, 85, 18-23.
- Febrer, I. y Jansà, E. (2011). Empieza la escuela infantil, un proceso de familiarización, *Infancia,* 129, 10-16.

PRÁCTICA 7.
HISTORIA DE VIDA

INTRODUCCIÓN

La incorporación por primera vez de un niño a la escuela es uno de los acontecimientos más cuidadosamente planificados y programados desde la administración educativa y las instituciones.

Así, la Orden de 24 de junio de 2008 de la Consellería de Educación, sobre la evaluación en la etapa de Educación Infantil, regula la evaluación en esta etapa y establece los documentos oficiales que forman parte del historial educativo que se inicia en el comienzo de la escolarización de los niños y les acompañará y completará con otros informes a lo largo de las diferentes etapas educativas.

En el artículo 7 de la citada orden destaca que, al comienzo de la escolarización, el centro iniciará el historial educativo de cada niño que constará, entre otros documentos, de un cuestionario de inicio de la escolaridad según el anexo I de la citada orden. Este cuestionario se rellenará con los datos obtenidos en una entrevista inicial que los tutores realizarán con cada una de las familias durante el mes de septiembre tanto en el inicio del primer como en el segundo ciclo (art.9) de Educación Infantil.

En esta entrevista aparecen factores y variables personales y contextuales a tener en cuenta a la hora de iniciar el proceso educativo con los niños.

OBJETIVOS

1) Conocer aspectos personales y contextuales que pueden afectar al desarrollo evolutivo del niño y a su educación.
2) Conocer la propia historia de vida personal y familiar como referente para el conocimiento y la reflexión del propio historial escolar.
3) Reflexionar sobre la importancia de determinados aspectos personales o contextuales en el desarrollo evolutivo del niño.
4) Analizar la normativa que regula la evaluación en Educación Infantil y su fundamentación e importancia para la escuela.
5) Debatir sobre la importancia de la planificación y la programación de la primera escolarización de un niño en la escuela.
6) Reflexionar sobre la importancia de los primeros contactos escolares entre la familia, el niño y la escuela.
7) Debatir sobre las medidas que adoptar por parte de las familias y la escuela en el periodo de adaptación a la escuela infantil.

PROCEDIMIENTO

PRIMERA PARTE: Trabajo tutorizado

La práctica se iniciará con la exposición inicial del docente sobre la importancia en el inicio de la escolarización del niño de:
a) Conocer personal y familiarmente al niño.
b) Planificar y programar la primera escolarización en la escuela.
c) Conocer la legislación que regula los aspectos fundamentales que deben tenerse en cuenta y los documentos oficiales que han de cumplimentarse.

El docente se basará fundamentalmente en el contenido y la importancia de la Orden de 24 de junio de 2008 de evaluación en Educación Infantil haciendo hincapié en cuestionario del anexo I.

SEGUNDA PARTE: Trabajo autónomo.

Posteriormente, los alumnos iniciarán su propia historia de vida personal, familiar y escolar. Los datos serán recogidos a partir de diversas fuentes, principalmente del álbum personal fotográfico y de una entrevista a familiares (madre, padre, hermanos mayores, abuelos, primos…) y conocidos que puedan ayudarle a construir su historia personal.

Para ello utilizarán el esquema de trabajo y las cuestiones que aparecen en los anexos I y II a la práctica y el modelo cuestionario de historial escolar de la Orden de 24 de junio de 2008 en su anexo I.

La historia de vida podrá completarse con fotografías, dibujos personales o escaneados, anécdotas o cualquier documento que el alumno considere oportuno incluir.

TERCERA PARTE: Trabajo tutorizado.

El docente, una vez elaborada la propia historia de vida por parte de los alumnos, dinamizará una sesión donde se comentarán aquellos aspectos que puedan ayudar a comprender la importancia e impacto de distintas variables personales, familiares y escolares en el desarrollo personal.

ANEXO I

El esquema de trabajo para elaborar la **Historia de vida personal, familiar y escolar.**

a) *"El niño que soy"* (Mi historia de vida personal).
b) *"Mi origen"* (Mi historia de vida familiar).
c) *"Historial escolar"* (Mi historia de vida escolar).

1. *Así fue mi entrada en la escuela y mi periodo de adaptación escolar.*
2. *Así fue mi escolarización en Educación Infantil.*

1. El apartado de *El niño que soy* debe contener datos personales del alumno como por ejemplo:
   1) Nombre completo.
   2) Nombre usado en el ámbito familiar o en el círculo más personal.
   3) Fecha de nacimiento.
   4) Lugar de nacimiento.
   5) Nacionalidad.
   6) Aspectos básicos de su personalidad infantil y de su personalidad actual.
   7) Juegos, aficiones e intereses infantiles.
   8) Fotos, dibujos, etc.
   9) Otros datos de interés.

2. El apartado *Mi origen* debe contener:
   1) Datos fundamentales de su historia familiar.
   2) Datos fundamentales de sus padres (nombre, edad del padre y la madre a la que le tuvieron).
   3) Hermanos: características, orden, tipo de relación, etc.
   4) Otros familiares que han formado parte fundamental de su infancia (abuelos, primos, tíos, etc).
   5) Aspectos de la vida y el funcionamiento familiar.
   6) Pérdidas de personas queridas: cuándo y aspectos emocionales asociados.
   7) Cambios de residencia, trabajo, etc.
   8) Momentos clave para la vida familiar (separaciones, defunciones, cambios de trabajo, enfermedades, accidentes…). Edad que el alumno tenía cuando ocurrieron.

9) Experiencias o vivencias familiares que destacar.

10) Cualquier otro dato de interés que complete este apartado.

3. El apartado *Mi historia personal* debe basarse en el anexo I de la Orden de 24 de junio de 2008. El cuestionario se rellenará a partir de una entrevista con algún familiar (madre, padre, abuelo, etc.) que conociera al alumno en su infancia en la entrada a la escuela. Estas cuestiones serán contestadas a partir de las ideas y percepciones de los familiares más cercanos (madre, padre, etc.).

Al final de este apartado el alumno incluirá dos cuestiones:

- *Así fue mi entrada en la escuela y mi periodo de adaptación escolar.*

Para completar este apartado el alumno utilizará el anexo II.

- *Así fue mi escolarización en Educación Infantil.*

ANEXO II

GUÍA PARA CONOCER EL PERIODO DE ADAPTACIÓN

A continuación encontrarás una serie de preguntas que te ayudarán a realizar la entrevista para conocer cómo fue tu periodo de adaptación a la escuela infantil.

Todas las preguntas son orientativas, puedes añadir o eliminar cualquier aspecto que consideres.

En la llegada:

1) ¿Cómo entraste a la escuela?
2) ¿Te aferrabas a algún objeto o algún espacio?
3) ¿Quién te acompaña de forma habitual?
4) ¿Permanecía el familiar algún tiempo contigo en el aula/centro?
5) ¿Qué actitud tenía el adulto que te acompañaba?
6) Otras conductas o actitudes tuyas a la llegada.
7) ¿Hubo algún cambio de actitud con respecto al primer día los días posteriores?
8) Otras observaciones.

En la estancia:

1) Intenta conocer cómo era tu comportamiento y tu conducta en el centro con respecto a:
   a. Los espacios.
   b. Al material.
   c. Los otros niños.
   d. Los otros adultos.
   e. La rutina diaria.
   f. Al control de esfínteres.
   g. Las actividades.

2) Otras observaciones.

En la salida:

1) ¿Cómo era tu actitud y comportamiento en la salida de la escuela?
2) ¿Cómo era la actitud y comportamiento del adulto que te recogía a la salida?
3) Otras observaciones.

PRÁCTICA 8.
¿SON BENEFICIOSAS LAS ESCUELAS INFANTILES?

INTRODUCCIÓN

Hoy en día la educación es objeto de debate para la sociedad en general y para los padres y las madres en particular. Son muchos los frentes que educadores/as, maestros/as, psicólogos/as, pedagogos/as y demás personas relacionadas con el sistema escolar tenemos abiertos y muchos los cuestionamientos que sobre nuestro trabajo se hacen.

En la siguiente práctica vamos a reflexionar sobre un aspecto importante:

¿Son beneficiosas las escuelas infantiles de 0-3 años?

OBJETIVOS

1) Conocer la importancia del contexto familiar y escolar como factores que influye en el desarrollo evolutivo del niño de 0 a 3 años.
2) Analizar las ventajas e inconvenientes de la escolarización temprana del niño en la escuela infantil.
3) Debatir sobre el papel de las escuelas infantiles como sustitutos de la crianza familiar.
4) Debatir sobre los pros y contras de las escuelas infantiles en el desarrollo global del niño.

PROCEDIMIENTO

PRIMERA PARTE: Trabajo autónomo

La práctica se iniciará de manera individual respondiendo a las preguntas del cuestionario anexo.

SEGUNDA PARTE: Trabajo tutorizado

En segundo lugar, de manera individual se leerá la entrevista a Eulalia Bea de Torras titulada "La guardería no puede cuidar saludablemente a un bebé" publicada el 23 de noviembre de 2009 en el periódico *La Vanguardia* anotando las ideas principales y los aspectos que destacar de la misma.

En tercer lugar, por parejas se comentarán las respuestas a cada una de las preguntas del cuestionario y la lectura de la entrevista de Eulalia Bea de Torras.

Posteriormente, en gran grupo, se comentarán y debatirán todas las cuestiones analizando las ventajas y los inconvenientes de la escolarización temprana.

Finalmente, se visualizarán algunos fragmentos de los vídeos:

- http://www.tv3.cat/videos/2790570/Eulalia-Torras-de-Bea-politicament-incorrecta
- http://www.youtube.com/watch?v=ToSNmDW2u4E Eulàlia Torras de Beà: "La guardería frena el desarrollo de los bebés".

TERCERA PARTE: Trabajo autónomo

Cada alumno elaborará por ordenador el INFORME DE LA PRÁCTICA según el siguiente esquema:

1) Introducción.
2) Respuesta cuestionario individual.
3) Ideas principales y aspectos que destacar de la entrevista de *La Vanguardia*.
4) Comentarios y conclusiones de las respuestas al cuestionario y la entrevista de *La Vanguardia* por parejas.
5) Comentarios y conclusiones grupales.
6) Valoración de la práctica.
7) Bibliografía.

ACTIVIDAD ALTERNATIVA

El alumno elaborará por ordenador el INFORME DE LA PRÁCTICA según el siguiente esquema:

1) Introducción.
2) Respuesta cuestionario individual.
3) Ideas principales y aspectos que destacar de la entrevista de *La Vanguardia*.
4) Ideas principales y aspectos a destacar de los vídeos:
   - http://www.tv3.cat/videos/2790570/Eulalia-Torras-de-Bea-politicament-incorrecta
   - http://www.youtube.com/watch?v=ToSNmDW2u4E Eulàlia Torras de Beà: "La guardería frena el desarrollo de los bebés"

5) Lectura y comentario de las ideas principales del artículo.
6) Valoración de la práctica.
7) Bibliografía y webgrafía

CUESTIONARIO

1) ¿Cuántas horas serían recomendables que asistiera un niño/a a la escuela infantil?
2) ¿En qué medida consideras que la escuela infantil interfiere en el tipo de vínculo y el apego entre el padre/madre y el bebé?
3) ¿En qué medida crees que la pierde, dificulta, queda afectada la relación y la comunicación entre bebé/niño y los padres cuando va a la escuela infantil?
4) ¿Cómo se siente un niño de meses cuando lo separan de su familia y lo llevan a la guardería?
5) ¿En qué medida y de qué manera puede la escuela infantil afectar al desarrollo evolutivo del niño?
6) ¿Cuál crees que actualmente es el papel de los abuelos en la crianza de los niños de la escuela infantil?

BIBLIOGRAFÍA

- Torras, E., (2009). La guardería no puede cuidar saludablemente a un bebé. *La Vanguardia*, pág. 40. Recuperado de: http://hemeroteca.lavanguardia.com/preview/2011/11/12/pagina-68/79807577/pdf.html?search=EULALIA%20TORRES%20DE%20BEA
- Torras, E. (2010). Investigaciones sobre el desarrollo cerebral y emocional: sus indicativos en relación a la crianza. *Cuaderno de Psiquiatría y Psicoterapia del niño y del adolescente*, 49, 153-171. Recuperado de http://www.sepypna.com/documentos/articulos/investigaciones-desarrollo-cerebral-emocional.pdf
- Torras, E. (2010). *La mejor guardería, tu casa*. Barcelona, Plataforma
- Cuixart, Q. (Director) (2010). *Para todos la 2*. Madrid, Servicio de televisión abierta. Recuperado de http://www.youtube.com/watch?v=ToSNmDW2u4E
- Barberá, J. (Director) (2010). *Singulars*. Barcelona, Vídeos a la carta. Recuperado de: http://www.tv3.cat/videos/2790570/Eulalia-Torras-de-Bea-politicament-incorrecta

PRÁCTICA 9.
EL DESARROLLO PSICOMOTOR DEL NIÑO DE 0 A 3 AÑOS

INTRODUCCIÓN

El comienzo del desarrollo del niño está dominado esencialmente por la motricidad. En los primeros meses de edad del bebé, los movimientos son verdaderas manifestaciones de su desarrollo psicológico. Esta motricidad se desarrollará con más precisión y seguridad si creamos un ambiente seguro y de libertad para los niños y niñas, donde el rol del adulto es de acompañamiento no invasivo y testigo de sus logros.

Los trabajos de investigación del Instituto Lóczy y de la doctora Emmi Pikler nos indican que la intervención directa del adulto durante los primeros estadios del desarrollo motor no es una condición previa para la adquisición de estos estadios porque en condiciones favorables el niño y la niña consiguen regularse por sí mismos, por su propia iniciativa, con movimientos de buena calidad, bien equilibrados y cada vez más complejos (Pikler, 1985).

OBJETIVOS

1) Analizar a través de la observación rigurosa distintas situaciones de enseñanza-aprendizaje relacionadas con el desarrollo psicomotor del niño de 0-3 años.
2) Relacionar los contenidos teórico con experiencias prácticas del aula.
3) Identificar los aspectos fundamentales del desarrollo psicomotor que aparecen en el vídeo.
4) Conocer los aspectos fundamentales del pensamiento de Emmi Pikler y el Instituto Lóczy relacionados con el desarrollo psicomotor del niño de 0 a 3 años.
5) Comparar distintos enfoques de enseñanza-aprendizaje relacionados con el desarrollo de la psicomotricidad analizando sus ventajas e inconvenientes.
6) Ampliar el conocimiento sobre los aspectos fundamentales del desarrollo psicomotor infantil a partir de la búsqueda y la reflexión de información encontrada en distintas fuentes documentales (web, libros, artículos, etc.).

PROCEDIMIENTO

PRIMERA PARTE: Trabajo autónomo

La práctica se iniciará a partir de la discusión y el debate sobre los conocimientos previos de los alumnos sobre el desarrollo psicomotor de 0 a 3 años, comentarios de experiencias y actividades que hayan llevado a cabo, ventajas e inconvenientes de distintas prácticas psicomotrices, etc.

En segundo lugar, el alumno leerá y comentará de manera individual y autónoma en clase uno de los siguientes artículos. El criterio para la selección del artículo será el siguiente: si el número del DNI termina en par, se leerá el artículo 1; si el número del DNI es impar, se leerá el artículo 2.

Una vez leído, el alumno anotará los aspectos fundamentales que se destacan en el mismo para su posterior comentario en clase.

- Appell,G. (2003). *Emmi Pikler y Lòczy*. Infància. Octubre.
- Òdena,P. (2003). *Emmi Pikler y la educación de los más pequeños.* Infancia, Octubre.

De manera voluntaria, el alumno podrá leer ambos artículos destacando los aspectos fundamentales del pensamiento de Emmi Pikler y el Instituto Lòczy. Este aspecto será reseñado en la introducción del informe de la práctica.

SEGUNDA PARTE: Trabajo tutorizado

Seguidamente, por parejas, se comentarán los aspectos fundamentales de la lectura de los artículos trabajados de manera autónoma.

Las parejas se constituirán intentando que cada miembro de la misma haya leído un artículo diferente.

Posteriormente, en gran grupo se analizarán las ideas destacadas de ambos artículos, se aclararán dudas y se debatirán las ventajas e inconvenientes encontrados.

A partir de esta toma de contacto con el tema del desarrollo psicomotor de 0 a 3 años, el profesor/a iniciará el visionado del vídeo *Moverse en libertad. El instituto Loczy* y comentará los aspectos principales del desarrollo psicomotor del niño de 0 a 3 años relacionándolos con el tema teórico y los artículos seleccionados para la práctica, así como distintas experiencias de enseñanza-aprendizaje que aparecen en el vídeo. Los comentarios seguirán la estructura del cuestionario anexo a la práctica.

Finalmente, se visionará una experiencia de aula de una escuela infantil tipo y se comparará el tratamiento del desarrollo psicomotor con la experiencia de Lòczy.

Todos los alumnos tomarán nota de las reflexiones y aspectos fundamentales que se comenten en clase y lo incorporarán al informe de la práctica.

TERCERA PARTE: Trabajo autónomo

Cada alumno elaborará por ordenador el INFORME DE LA PRÁCTICA según el siguiente esquema:

1. Introducción.
2. Lectura y análisis individual y por parejas de las ideas principales de los artículos.
3. Comentarios grupales de los artículos, el cuestionario individual y el vídeo *Moverse en libertad. El instituto Loczy*.
4. Ampliación del tema "El desarrollo psicomotor del niño de 0 a 3 años" a partir de una búsqueda bibliográfica sobre, al menos, tres fuentes (web, libros, artículos, fuentes documentales audiovisuales, etc).
5. Valoración general de la práctica.
6. Bibliografía y webgrafía.

ACTIVIDAD ALTERNATIVA

El alumno elaborará por ordenador el INFORME DE LA PRÁCTICA según el siguiente esquema:

1. Introducción.
2. Comentario y análisis de las ideas principales de los siguientes artículos:
1. Appell,G.(2003). *Emmi Pikler y Lòczy*. Infància. Octubre.
2. Òdena,P.(2003). *Emmi Pikler y la educación de los más pequeños.* Infancia. Octubre.
3. Comentarios sobre el vídeo *Moverse en libertad. El instituto Loczy* y cuestionario individual que se adjunta.
4. Visitar la página de la Asociación Internacional Pickler (Lóczy): www.aipl.org. Descargar y leer el artículo "Importancia del movimiento en el desarrollo de la persona" y posteriormente realizar un resumen con las ideas principales.
5. Ampliación del tema "El desarrollo psicomotor del niño de 0 a 3 años" a partir de una búsqueda bibliográfica sobre, al menos, seis fuentes (web, libros, artículos, fuentes documentales audiovisuales, etc).

6. Valoración general de la práctica.
7. Bibliografía y webgrafía.

CUESTIONARIO

1. Observa y anota las distintas situaciones de juego que aparecen en el vídeo. Describe: los alumnos, el espacio, los materiales y la gestión del tiempo.
2. Analiza e interpreta profesionalmente.
3. Los distintos aspectos del desarrollo psicomotor que aparecen en el vídeo.
4. La etapa del desarrollo psicomotor en la que se encuentran los niños del vídeo.
5. Las relaciones que se establecen entre los iguales y entre los niños y la maestro.
6. Elabora un juicio crítico sobre las ventajas e inconvenientes que encuentras en este tipo de actividades.

BIBLIOGRAFÍA

- Appell, G. (2003). *Emmi Pikler y Lòczy*. Infància. Octubre.
- Òdena, P. (2003). *Emmi Pikler y la educación de los más pequeños.* Infancia. Octubre.
- Pikler, E. (1985). Moverse en libertad. Desarrollo de la motricidad global. Narcea Ediciones. Madrid.
- Vídeo *Moverse en libertad. El instituto Lòczy*. Recuperado en: http://video.google.com/videoplay?docid=-8491995794623390133

PRÁCTICA 10.
PRINCIPIOS FUNDAMENTALES PARA UN DESARROLLO ARMÓNICO EN LA INFANCIA

INTRODUCCIÓN

El equipo de Lóczy concibe la vida de los niños y las niñas, y las relaciones que tienen los adultos con ellos, a partir de unos principios que determinan la acción de cada uno.

Es necesario conocerlos de antemano para comprender la razón de ser y el valor del sistema de atenciones personales tan innovador que se lleva a cabo. Todos los aspectos de la vida cotidiana de los niños y las niñas, a los que el equipo entero presta la mayor atención, se establecen regularmente y con todo detalle a partir de estos principios:

1) Valor de la actividad autónoma.
2) Valor de la relación afectiva privilegiada.
3) Necesidad de favorecer en el niño y la niña la toma de conciencia de sí mismo y de su entorno.
4) Importancia de un buen estado de salud física, que sirve de base a la buena aplicación de los principios precedentes, pero que es también su resultado.

Estos cuatro principios tienen igual importancia, y el proyecto educativo que se lleva a cabo adquiere valor porque se respetan simultáneamente y de forma constante. Si se descuida cualquiera de ellos, se quebraría el equilibrio de la experiencia que se ofrece al niño y la niña (David y Appell, 2010).

OBJETIVOS

1) Analizar los principios fundamentales en los que se sustenta el Instituto Emmi Pickler-Lóczy a partir del visionado del documental *Lóczy, un hogar para crecer*.
2) Identificar los principios fundamentales para un buen desarrollo armónico de la infancia que aparecen en el vídeo.
3) Relacionar los contenidos teóricos con experiencias prácticas del aula.
4) Identificar los principios fundamentales del pensamiento de Emmi Pikler y el Instituto Lóczy relacionados con el desarrollo de la infancia.
5) Comentar las potencialidades que ofrece el método de atención a la infancia propuesto por Emmi Pikler.

6) Ampliar el conocimiento sobre los aspectos fundamentales del desarrollo psicomotor infantil a partir de la búsqueda y la reflexión de información encontrada en distintas fuentes documentales (web, libros, artículos, etc.).

PROCEDIMIENTO

PRIMERA PARTE: Trabajo tutorizado

La práctica se iniciará en gran grupo a partir del comentario y debate sobre los aspectos fundamentales que hay que tener en cuenta para favorecer un buen desarrollo armónico de la infancia.

Posteriormente, el profesor expondrá como modelo los cuatro principios fundamentales del pensamiento de Emmi Picker y del Instituto Lóczy como base para un buen desarrollo infantil:
1. Valor de la actividad autónoma.
2. Valor de una relación afectiva privilegiada.
3. Necesidad de favorecer en el/la niño/a la toma de conciencia de sí mismo y de su entorno.
4. Importancia de un buen estado de salud física como base y resultado de los otros principios.

A partir del visionado del vídeo *Lóczy, un hogar para crecer* (http://blip.tv/psicomagister/loczy-un-hogar-para-crecer-2908344), el profesor y los alumnos en gran grupo irán identificando y comentando dichos principios fundamentales del pensamiento de Emmi Picker y del Instituto Lóczy analizando las ventajas y los inconvenientes de este enfoque de la atención a la infancia.

SEGUNDA PARTE: Trabajo autónomo

A partir de esta toma de contacto con el tema cada alumno/a elaborará por ordenador el INFORME DE LA PRÁCTICA según el siguiente esquema:

a) Introducción.
b) Comentarios del cuestionario individual y el vídeo *Lóczy, un hogar para crecer* (http://blip.tv/psicomagister/loczy-un-hogar-para-crecer-2908344) (Anexo I).
c) Ampliación del tema "Principios fundamentales según el pensamiento de Emmi Picker y del Instituto Lóczy para un buen desarrollo infantil": a partir de una búsqueda bibliográfica sobre, al menos, tres

fuentes (web, libros, artículos, fuentes documentales audiovisuales, etc.).
d) Valoración general de la práctica.
e) Bibliografía y webgrafía.

ACTIVIDAD ALTERNATIVA

El alumno/a elaborará por ordenador el INFORME DE LA PRÁCTICA según el siguiente esquema:

1. Introducción.
2. Comentarios del cuestionario individual y el vídeo *Lóczy, un hogar para crecer* (http://blip.tv/psicomagister/loczy-un-hogar-para-crecer-2908344).
3. Ampliación del tema "Principios fundamentales según el pensamiento de Emmi Picker y del Instituto Lóczy para un buen desarrollo infantil": a partir de una búsqueda bibliográfica sobre, al menos, tres fuentes (web, libros, artículos, fuentes documentales audiovisuales, etc.).
4. Valoración general de la práctica.
5. Bibliografía y webgrafí

ANEXO I

Identifica y comenta a partir de las experiencias del vídeo *Lóczy, un hogar para crecer* (http://blip.tv/psicomagister/loczy-un-hogar-para-crecer-2908344) los cuatro principios fundamentales del pensamiento de Emmi Picker y del Instituto Lóczy como base para un buen desarrollo infantil:
1) Valor de la actividad autónoma.
2) Valor de una relación afectiva privilegiada.
3) Necesidad de favorecer en el niño la toma de conciencia de sí mismo y de su entorno.
4) Importancia de un buen estado de salud físico como base y resultado de los otros principios.

BIBLIOGRAFÍA

- Appell, G. (2003). Emmi Pikler y Lòczy. *Infància*. Octubre.
- Òdena, P. (2003). Emmi Pikler y la educación de los más pequeños. *Infancia*. Octubre.

- Pikler, E. (1985). *Moverse en libertad. Desarrollo de la motricidad global.* Narcea Ediciones. Madrid.
- David, M. y Appell, G. (2010). *Lóczy, una insólita atención personal.* Temas de Infancia. Rosa Sensat. Octaedro. Barcelona
- Falk, J. (2004). *La conquista de l'autonomia.* Temes d'Infancia. Rosa Sensat. Barcelona.
- Vídeo *Lóczy, un hogar para crecer.* Recuperado en: http://blip.tv/psicomagister/loczy-un-hogar-para-crecer-2908344

PRÁCTICA 11.
QUÉ PODEMOS HACER ANTE...

INTRODUCCIÓN

Las realidades de las escuelas infantiles son muy diversas integrando no solo niños con distintas capacidades para aprender, intereses y motivaciones sino también niños con distintos contextos sociales y culturales de procedencia. Este hecho junto a la diversidad de centros y profesionales que los integran hace que la escuela sea un laboratorio para el aprendizaje profesional y el día a día proporcione un sinfín de experiencias enriquecedoras y llenas de conocimiento.

En esta práctica aparecen algunas dudas y necesidades reales manifestadas por maestras y educadoras de escuelas infantiles. Su sencillez y claridad es un indicador de que en educación infantil lo que importa es lo concreto, lo cercano y los pequeños detalles de las cosas sin dejar de ser por ello menos relevantes.

OBJETIVOS

1) Reflexionar sobre la importancia de los primeros contactos escolares entre la familia, el niño y la escuela.
2) Analizar el periodo de adaptación escolar y su influencia en el desarrollo del niño.
3) Conocer la importancia del contexto escolar como variable que influye en el desarrollo del niño.
4) Analizar y reflexionar sobre experiencias prácticas en contextos reales.
5) Debatir sobre las medidas que adoptar por parte de las familias y la escuela en el periodo de adaptación a la escuela infantil.
6) Conocer las dificultades que pueden surgir en el periodo de adaptación y su influencia en el desarrollo del niño.
7) Analizar la importancia de conocer las variables personales y contextuales del niño para favorecer un desarrollo armónico por parte del docente de la escuela infantil.
8) Determinar estrategias y/o medidas que favorezcan una adecuada adaptación escolar tanto para las familias como para el niño y la escuela.
9) Ampliar el conocimiento sobre los aspectos fundamentales del desarrollo infantil a partir de la búsqueda y la reflexión de información encontrada en distintas fuentes documentales (web, libros, artículos, etc.).

PROCEDIMIENTO

PRIMERA PARTE: Trabajo tutorizado

La práctica consiste en comentar, debatir y buscar posibles respuestas y soluciones fundamentadas a las cuestiones que se plantean en el anexo a la práctica.

Para ello el docente organizará la clase en pequeños grupos y repartirá las cuestiones.

El debate y la reflexión del conjunto de los casos aportará mayor comprensión sobre la diversidad de la escuela infantil y de cómo abordar experiencias similares que puedan presentarse en futuras ocasiones.

SEGUNDA PARTE: Trabajo autónomo

Posteriormente, el docente dejará un tiempo para el análisis de cada cuestión y la concreción de posibles soluciones.

En la resolución de los casos se tendrá en cuenta a toda la comunidad educativa (familias, otros profesionales que comparten la labor educativa, etc). Es decir, en la medida de lo posible, se determinarán orientaciones o medidas que adoptar desde el centro, el aula y desde las familias.

Finalmente, el grupo hará una lluvia de ideas donde se planteen posibles cuestiones o dudas nuevas con el formato "Qué podemos hacer ante un niño...".

TERCERA PARTE: Trabajo tutorizado

Finalmente, en gran grupo se expondrán:

1. Todos los casos con las orientaciones o medidas acordadas para su tratamiento.
2. Dudas o nuevos casos.

CUARTA PARTE: Trabajo autónomo

A partir de los comentarios y reflexiones de clase el alumno redactará a ordenador el INFORME DE LA PRÁCTICA individualmente siguiendo el siguiente esquema:

1. Introducción.
2. Análisis de casos asignados en grupo (comentarios y acuerdos de grupo para cada caso).
3. Nuevas cuestiones o casos del grupo "Qué podemos hacer ante..."
4. Aportaciones y comentarios realizados en gran grupo en el aula.
5. Reflexión personal y valoración de la práctica.
6. Bibliografía y wegbrafía.

ACTIVIDAD ALTERNATIVA

Los alumnos que opten por realizar la práctica alternativa deberán responder a las cuestiones del anexo I y elaborar un INFORME DE LA PRÁCTICA individualmente siguiendo el siguiente esquema:

1. Introducción.
2. Análisis de casos según anexo I.
3. Nuevas cuestiones o casos "Qué podemos hacer ante..." con el análisis de las propuestas de actuación.
4. Reflexión personal y valoración de la práctica.
5. Bibliografía y webgrafía.

ANEXO I

A continuación aparecen algunas inquietudes y dudas reales manifestadas por docentes de diversas escuelas infantiles. Comenta, debate y busca posibles respuestas y soluciones para abordar cada cuestión.

QUÉ PODEMOS HACER ANTE...

1. Niños a los que solo les gustan los juegos de lucha.
2. Niños que dan patadas al material del aula y lo lanzan.
3. Niños que encuentran divertido empujar e incordiar al resto de compañeros.
4. Niños que tienen respuestas y conductas agresivas: gritos, golpes a objetos, pataletas... ¿cómo podemos reconducirlo?
5. Niños que se niegan a comer.
6. Niños que se desnudan constantemente.
7. Niños que no hacen caso a nadie, no obedecen a nada, hacen lo que quieren.

8. Niños a los que les hablas y no miran, no sabes si te entienden, si hay comunicación.

BIBLIOGRAFÍA

- Urra, J (2009). *Educar con sentido común*. Aguilar.
- Urra, J (2007). *El pequeño dictador. Cuando los padres son las víctimas*. La esfera de los libros.
- Marina, J. A. (2011). *El cerebro infantil*. La gran oportunidad. Ed. Ariel

PRÁCTICA 12.
ANÁLISIS DE UNA TEMÁTICA DE ESTUDIO

INTRODUCCIÓN

El espacio europeo de educación superior (EEES) promueve la participación del alumnado en la construcción de sus conocimientos sobre las diferentes asignaturas que forman las titulaciones de grado.

Con esta práctica se pretende fomentar el desarrollo de las competencias que el Grado de Maestro de Educación Infantil pretende conseguir en el alumnado.

En la asignatura de Psicología Evolutiva de 0 a 3 años es fundamental que los estudiantes puedan regular su propio proceso de aprendizaje y a la misma vez que participen en dinámicas de trabajo en equipo para desarrollar proyectos de trabajo comunes. Es por este motivo que se deberá fomentar en el alumnado la capacidad de búsqueda, usar e integrar la información de diferentes fuentes bibliográficas para el estudio de los bloques de contenidos de la asignatura.

OBJETIVOS

1. Reconocer la identidad de la etapa de 0 a 3 años y sus características cognitivas, psicomotoras, comunicativas, sociales y afectivas.
2. Adquirir la capacidad de trabajo en equipo, con una actitud positiva hacia el aprendizaje y desarrollar la capacidad de comunicar los contenidos adquiridos sobre los temas de estudio, de la psicología del desarrollo de 0 a 3 años.
3. Utilizar fuentes bibliográficas (en diferentes formatos) relativas a los contenidos de la psicología del desarrollo de 0 a 3 años de edad, con un criterio discriminativo y personal.
4. Iniciar e instruir al alumnado en torno a los estudios sobre el desarrollo evolutivo y su importancia para el desarrollo del cerebro.
5. Analizar diversa documentación (fuentes bibliográficas y audiovisuales, mediante las tecnologías de la información y la comunicación, etc.) relacionada con el desarrollo evolutivo de la primera infancia.
6. Conocer y adquirir un vocabulario específico, propio de la psicología evolutiva en la edad de 0 a 3 años

PROCEDIMIENTO

PRIMERA PARTE: Trabajo autónomo en grupo

DISEÑO DE LOS CONTENIDOS DEL TEMA Y ACTIVIDADES PARA TRABAJAR.

El alumnado se agrupará en varios equipos de trabajo formados por un máximo de seis alumnos. Una vez constituidos los grupos, asignarán un nombre al equipo siguiendo una dinámica coeducativa. Esta asignación de nombre seguirá las indicaciones planteadas en el documento que está accesible en el Repositorio Institucional de la Universidad de Alicante (RUA), http://hdl.handle.net/10045/18845

Una vez configurados los grupos con sus nombres, elaborarán un guion de trabajo sobre un tema de estudio de la psicología evolutiva 0-3 años acordado.

Cada grupo diseñará y expondrá una parte del tema una vez que se hayan repartido los contenidos que exponer, entre los diferentes grupos de la clase.

Se realizará un guion de los contenidos para explicar en clase por los diversos grupos.

SEGUNDA PARTE: En clase-trabajo autónomo en grupo y seguimiento

En la primera sesión los alumnos trabajarán de manera autónoma en grupo tanto los aspectos teóricos como la elaboración, diseño y propuesta de actividades prácticas para la exposición.

En esta sesión el docente orientará, guiará y resolverá las dudas que vayan surgiendo.

TERCERA PARTE: En clase-exposición teórica-práctica

Durante las sesiones que concrete el docente los grupos expondrán el trabajo elaborado por los compañeros. El orden de las exposiciones de los grupos será asignado por el docente y comunicado con anterioridad al grupo.

La exposición oral en clase mostrará los puntos más importantes de los contenidos analizados. La duración será concretada por el docente con antelación.

El orden de exposición de los miembros dentro de cada grupo será indicado por el docente en el mismo momento de la exposición.

En cada sesión los grupos serán evaluados tanto por el profesor como por los alumnos con unos criterios establecidos con antelación siendo la evaluación del resto del alumnado orientativa respecto a la evaluación final.

CUARTA PARTE: Trabajo autónomo en grupo
Realización de un trabajo escrito que recoja las ideas centrales del tema elegido, siguiendo la propuesta del guion realizado.

También se realizará una reseña (cada grupo) de las ideas expuestas en las presentaciones de las compañeras de los diferentes grupos.

BIBLIOGRAFÍA BÁSICA Y MATERIALES

Para el desarrollo del tema, además de la bibliografía básica para abordar los contenidos, será necesario leer algunas referencias bibliográficas específicas que las indicará el docente.

BIBLIOGRAFÍA BÁSICA

- Palacios, J., Marchesi, A., y Coll, C. (1999). *Desarrollo psicológico y educación*. Psicología evolutiva. Madrid. Alianza.
- Berk, L. (2008). *Desarrollo del niño y del adolescente*. Madrid. Prentice Hall.

NORMAS ESPECÍFICAS DE TRABAJO

- La autoría de las fuentes consultadas se citará a pie de página o en la bibliografía.
- Se debe evitar la intertextualidad.
- El trabajo escrito tendrá una extensión máxima de 11 hojas (tipo de letra Arial, tamaño 12; justificado (alinear el texto en los márgenes derecho e izquierdo); 1,5 interlineado de párrafo, y 2,5 para márgenes).
- El trabajo incluirá:
  a) Portada:
     - Número y nombre de la práctica.
     - Grupo de prácticas al que pertenecen.
     - Grado.
     - Fecha de entrega.
     - Curso académico/Cuatrimestre.
  b) Índice con el número de página
  c) Contenidos analizados sobre la etapa evolutiva de 0 a 3 años
  d) Conclusiones.
  e) Opinión personal.

1. Explicitar cómo se ha realizado la práctica dentro del grupo (procedimiento seguido).
2. Dificultades encontradas durante su realización.
3. Grado de satisfacción de la práctica, aportación individual y grupal.

f. Reseñas de las exposiciones.

La reseña de cada exposición tendrá una extensión máxima de 2 hojas (letra ARIAL, cuerpo 12; justificado (alinear el texto en los márgenes derecho e izquierdo); 1,5 interlineado de párrafo, y 2,5 para márgenes. Entregarán junto con el trabajo escrito en un anexo.

g. Bibliografía complementaria utilizada.

PRÁCTICA ALTERNATIVA

Aquel alumnado que no realice el trabajo completo será evaluado en el examen final mediante unas preguntas relacionadas con los aspectos teóricos del tema trabajado.

PRÁCTICA 13.
ANÁLISIS DE UNA TEMÁTICA DE ESTUDIO: EL DESARROLLO PRENATAL Y EL NACIMIENTO

INTRODUCCIÓN

El espacio europeo de educación superior (EEES) promueve la participación del alumnado en la construcción de sus conocimientos sobre las diferentes asignaturas que forman las titulaciones de grado.

Con esta práctica se pretende fomentar el desarrollo de las competencias que el Grado de Maestro de Educación Infantil pretende conseguir en el alumnado.

En la asignatura de Psicología Evolutiva de 0 a 3 años es fundamental que los estudiantes puedan regular su propio proceso de aprendizaje y a la misma vez que participen en dinámicas de trabajo en equipo para desarrollar proyectos de trabajo comunes. Es por este motivo que se deberá fomentar en el alumnado la capacidad de búsqueda, usar e integrar la información de diferentes fuentes bibliográficas para el estudio de los bloques de contenidos de la asignatura.

OBJETIVOS

1. Reconocer la identidad de la etapa de 0 a3 años y sus características cognitivas, psicomotoras, comunicativas, sociales y afectivas.
2. Adquirir la capacidad de trabajo en equipo, con una actitud positiva hacia el aprendizaje y desarrollar la capacidad de comunicar los contenidos adquiridos sobre los temas de estudio, de la psicología del desarrollo de 0 a 3 años.
3. Utilizar fuentes bibliográficas (en diferentes formatos), relativas a los contenidos de la psicología del desarrollo de 0 a 3 años de edad, con un criterio discriminativo y personal.
4. Iniciar e instruir al alumnado en torno a los estudios sobre el desarrollo evolutivo y su importancia para el desarrollo del cerebro.
5. Analizar diversa documentación (fuentes bibliográficas, y audiovisuales, mediante las tecnologías de la información y la comunicación, etc.), Relacionada con el desarrollo evolutivo de la primera infancia.
6. Conocer y adquirir un vocabulario específico, propio de la psicología evolutiva en la edad de 0 a 3 años

PROCEDIMIENTO

PRIMERA PARTE: Trabajo autónomo en grupo

DISEÑO DE LOS CONTENIDOS DEL TEMA Y ACTIVIDADES PARA TRABAJAR.

El alumnado se agrupará en varios equipos de trabajo formados por un máximo de seis alumnos. Una vez constituidos los grupos, asignarán un nombre al equipo siguiendo una dinámica coeducativa. Esta asignación de nombre seguirá las indicaciones planteadas en el documento que está accesible en el Repositorio Institucional de la Universidad de Alicante (RUA), http://hdl.handle.net/10045/24807

Una vez configurados los grupos con sus nombres, elaborarán un guion de trabajo sobre un tema de estudio de la psicología evolutiva 0-3 años. En concreto, el tema relacionado con el desarrollo prenatal y nacimiento.

Cada grupo diseñará y expondrá una parte del tema una vez que se hayan repartido los contenidos que exponer, entre los diferentes grupos de la clase.

Se realizará un guion de los contenidos que explicar en clase por los diversos grupos.

SEGUNDA PARTE: En clase-trabajo autónomo en grupo y seguimiento

En la primera sesión los alumnos trabajarán de manera autónoma en grupo tanto los aspectos teóricos como la elaboración, diseño y propuesta de actividades prácticas para la exposición.

En esta sesión, el docente orientará, guiará y resolverá las dudas que vayan surgiendo.

Realización de un trabajo escrito que recoja las ideas centrales del tema elegido, siguiendo la propuesta del guion realizado.

TERCERA PARTE: En clase-exposición teórica-práctica.

1. Durante las sesiones que concrete el docente, los grupos expondrán el trabajo elaborado por los compañeros. El orden de las exposiciones de los grupos será asignado por el docente y comunicado con anterioridad al grupo.
2. La exposición oral en clase mostrará los puntos más importantes de los contenidos analizados. La duración será concretada por el docente con antelación.

3. El orden de exposición de los miembros dentro de cada grupo será indicado por el docente en el mismo momento de la exposición.
4. En cada sesión los grupos serán evaluados tanto por el profesor como por los alumnos con unos criterios establecidos con antelación siendo la evaluación del resto del alumnado orientativa respecto a la evaluación final.

CUARTA PARTE: Trabajo autónomo en grupo

Realización de un trabajo escrito por parte del grupo que recoja las ideas centrales de los contenidos del tema elegido, siguiendo la propuesta del guion realizado. También se realizará una reseña (cada grupo) de las ideas expuestas en las presentaciones de los compañeros de los diferentes grupos.

MATERIALES

Para el desarrollo de este tema, además de la bibliografía básica para abordar los contenidos, será necesario leer las siguientes referencias bibliográficas:

1) Blakemore, S. J. y Frith, U. (2007). *Cómo aprender el cerebro. Las claves para la educación.* Ariel. Barcelona.

   1. Capítulo 1: "Cerebro y educación: tópicos, errores y nuevas verdades".
   2. Capítulo 2: "El cerebro en Desarrollo".
   3. Capítulo 3: "Palabras y números en la infancia temprana".

2) Sousa, D. (2002). *Cómo Aprende el Cerebro.* 2.ª Edición. Thousand Oaks, CA: Corwin.

   1. Capítulo 1: "Datos básicos y desarrollo del cerebro".

BIBLIOGRAFÍA BÁSICA

- Palacios, J., Marchesi, A., y Coll, C., (1999). *Desarrollo psicológico y educación. Psicología evolutiva.* Madrid. Alianza.
- Berk, L. (2008). *Desarrollo del niño y del adolescente.* Madrid. Prentice Hall.
- Blakemore, S. J. y Frith, U. (2007). *Cómo aprender el cerebro. Las claves para la educación.* Ariel. Barcelona.

- Sousa, D. (2002). *Cómo Aprende el Cerebro.* 2.ª Edición. Thousand Oaks, CA: Corwin.

NORMAS DE TRABAJO

- La autoría de las fuentes consultadas se citará a pie de página o en la bibliografía.
- Se debe evitar la intertextualidad.
- El trabajo escrito tendrá una extensión máxima de 11 hojas (tipo de letra Arial, tamaño 12; justificado (alincar cl texto en los márgenes derecho e izquierdo); 1,5 interlineado de párrafo, y 2,5 para márgenes).

  o El trabajo incluirá:
  - Portada.
  - Número y nombre de la práctica.
  - Grupo de prácticas al que pertenecen.
  - Grado.
  - Fecha de entrega.
  - Curso académico/Cuatrimestre.
  o Índice con el número de página.
  o Contenidos analizados sobre la etapa evolutiva de 0 a 3 años.
  o Conclusiones.
  o Opinión personal.
  - Explicitar cómo se ha realizado la práctica dentro del grupo (procedimiento seguido).
  - Dificultades encontradas durante su realización.
  - Grado de satisfacción de la práctica, aportación individual y grupal.
  o Reseñas de las exposiciones:
  La reseña de cada exposición tendrá una extensión máxima de 2 hojas. (Letra Arial, cuerpo 12; justificado (alinear el texto en los márgenes derecho e izquierdo); 1,5 interlineado de párrafo, y 2,5 para márgenes. Entregarán junto con el trabajo escrito en un anexo.
  o Bibliografía complementaria utilizada.

PRÁCTICA ALTERNATIVA

Aquel alumno que no realice el trabajo completo será evaluado en el examen final mediante unas preguntas de desarrollo relacionadas con los aspectos teóricos del tema trabajado.

PRÁCTICA 14.
EXPERIENCIAS EN LA ESCUELA INFANTIL: HUERTO ESCOLAR

INTRODUCCIÓN

El material audiovisual que compone la parte principal de la presente práctica nos permite conocer de cerca la Escuela Infantil Municipal Rosa Fernández de Elche: equipo pedagógico, familias, proyectos, estilo educativo, ideario y organización así como uno de los proyectos más importantes e innovadores que en ella se desarrollan, el proyecto del "Huerto Ecológico".

Además, a lo largo de todo el visionado podremos conocer distintas percepciones de la escuela y del proyecto aportadas por un profesor de un ciclo formativo de grado superior, tres alumnas en prácticas y algunas familias que llevan a sus hijos a la escuela.

Esta experiencia pedagógica nos permitirá analizar y reflexionar sobre el impacto de contextos estimulantes y las propuestas educativas de calidad en el desarrollo global del niño.

OBJETIVOS

1) Conocer la organización y el funcionamiento de escuelas infantiles innovadoras.
2) Analizar experiencias educativas en escuelas infantiles de 0 a 3 años.
3) Conocer proyectos y actividades de escuelas infantiles relacionados con la educación para la salud y la alimentación.
4) Descubrir las posibilidades educativas de distintas actividades innovadoras.
5) Reflexionar sobre el impacto de determinados contextos y actividades en el desarrollo global del niño de 0 a 3 años.
6) Debatir sobre las ventajas e inconvenientes de determinadas pautas educativas familiares y/o escolares en el desarrollo del niño.

PROCEDIMIENTO

PRIMERA PARTE: Trabajo tutorizado

Inicialmente, el docente preguntará a los alumnos sobre sus conocimientos sobre la organización, el funcionamiento y el trabajo desarrollado en las escuelas infantiles.

Este debate se completará con una introducción sobre la justificación de la importancia de la organización, coordinación y el desarrollo de prácticas pedagógicas innovadoras, funcionales y significativas en las escuelas infantiles para el desarrollo integral del niño.

Posteriormente, el docente comentará el contenido general del vídeo y marcará los aspectos fundamentales para la observación y el análisis del documental así como los objetivos que se pretenden conseguir con la realización de la práctica.

SEGUNDA PARTE: Trabajo autónomo

El grupo de alumnos visualizarán el documental. http://www.infoexpres.es/seccion.asp?idseccion=6114&idnoticia=114909. El alumno individualmente analizará y anotarán los aspectos fundamentales que aparecen (experiencias, actividades, proyectos, comentarios, notas de interés, sugerencias, etc.). Durante el visionado, el docente podrá realizar comentarios o aclaraciones que favorezcan el análisis y la comprensión de las actividades expuestas. Seguidamente, individualmente o por parejas (según criterio del docente), se contestarán las preguntas que aparecen en el cuestionario.

TERCERA PARTE: Trabajo autónomo

Finalmente, se comentarán en gran grupo las respuestas a las cuestiones y las dudas o aspectos que destacar de los contenidos tratados.

El docente coordinará la exposición de las respuestas por parte de las parejas, completará los comentarios y respuestas y dinamizará los debates que surjan.

Todos los comentarios del docente y de los alumnos formarán parte del informe final elaborado por el alumno.

CUARTA PARTE: Trabajo autónomo

Cada alumno elaborará por ordenador el INFORME DE LA PRÁCTICA según el siguiente esquema:

1) Introducción.
2) Resumen y comentarios de la observación del documental (individualmente).
3) Respuestas de cuestionario (individualmente o en parejas).
4) Comentarios y notas de clase.
5) Valoración general de la práctica.

6) Bibliografía y webgrafía.

ACTIVIDAD ALTERNATIVA

El alumno elaborará por ordenador el INFORME DE LA PRÁCTICA según el siguiente esquema:
1) Introducción.
2) Resumen de la observación del documental.
3) Respuestas de cuestionario individualmente.
4) Elabora una encuesta para conocer la percepción que tiene la sociedad sobre el papel de las escuelas infantiles, el conocimiento que tienen sobre las mismas y la importancia de los proyectos desarrollados en ellas. Aplica esa encuesta a 5 personas y comenta los resultados.
5) Valoración general de la práctica.
6) Bibliografía y webgrafía.

CUESTIONARIO

1) Destaca y argumenta cuáles son los principios fundamentales y los pilares en los que se sustenta el trabajo educativo de la Escuela Infantil Rosa Fernández.
2) Identifica y comenta las áreas o aspectos del desarrollo que se trabajan o potencian a través del proyecto del "Huerto ecológico".
3) ¿Cuál es la percepción de las familias sobre la escuela infantil (organización, equipo pedagógico, etc.) y de los distintos proyectos que en ella se llevan a cabo? ¿En qué medida consideras que esta percepción influye en el desarrollo y el aprendizaje del niño?
4) Qué opinas de los comentarios del profesor del ciclo formativo de grado superior cuando dice que "en esta escuela lo importante es que los niños sean felices, que estén bien, que lo pasen bien y que aprendan".
5) Haz una nota de prensa en la que argumentes la necesidad de la visibilización del primer ciclo de educación infantil y fundamentes la importancia del primer ciclo como clave y decisivo en el desarrollo de la persona.

BIBLIOGRAFÍA

- Llei Orgànica 2/2006, de 3 de maig, d'Educació.

- RD.1630/2008, de 29 de setembre, pel qual s'estableixen les ensenyances mínimes del segon cicle d'Educació Infantil.
- Decret 37/2008, de 28 de març, del Consell, pel qual s'estableixen els continguts educatius del primer cicle de l'Educació Infantil a la Comunitat Valenciana. [2008/3829].
- Palacios, J., Marchesi, A. y Coll, C., (1999). *Desarrollo psicológico y educación. Psicología evolutiva.* Madrid. Alianza.
- Berk, L. (2008). *Desarrollo del niño y del adolescente.* Madrid. Prentice Hall.
- Escuela Infantil Rosa Fernández HUERTO ECOLÓGICO. TeleElx. (mayo 2011). Recuperado de http://www.infoexpres.es/seccion.asp?idseccion=6114&idnoticia=114909

PRÁCTICA 15:
EXPERIENCIAS EN LA ESCUELA INFANTIL: VIDA SANA

INTRODUCCIÓN

El documental *Vida Sana* muestra diversas actividades en la Escuela Infantil Rosa Fernández (Elche) relacionadas con la educación para la salud y la alimentación infantil. En el visionado nos vamos a encontrar fundamentalmente con una salida a un mercado y una visita al Centro de Educación Infantil Miguel Hernández (Elche) para ver el huerto escolar. Junto a estas actividades aparecen otras propuestas didácticas y comentarios de educadores, cocineras y las directoras de ambos centros que muestran el estilo educativo de los centros.

El proyecto "Salida al mercado" está realizado con niños de 2 a 3 años. Dicho proyecto lleva implícito no solo el conocimiento de las normas y roles sociales relacionados con la compra-venta sino el aprendizaje de buenos hábitos de salud y alimentación y el trabajo de los valores relacionados con el cuidado y mejora del medio ambiente. El proyecto incluye:

a) actividades iniciales de detección de conocimientos previos y organización de la salida (qué es lo que se va a comprar, dónde, quién nos lo va a vender, etc.),

b) actividad central de salida al mercado con la compra de frutas y/o verduras y

c) elaboración de comida con los productos adquiridos (por ejemplo, zumos) y su posterior consumo.

La visita al centro Miguel Hernández también es realizada por niños de 2 a 3 años y los objetivos fundamentales de la visita son:

a) establecer estrategias para coordinar escuela infantil y centros de educación infantil y primaria;

b) vincular proyectos comunes de creación y mantenimiento de huertos escolares y

c) establecer cauces y mecanismos de unión que favorezcan proyectos comunes de colaboración.

OBJETIVOS

1) Conocer experiencias educativas en escuelas infantiles de 0 a 3 años.
2) Conocer proyectos y actividades de escuelas infantiles relacionados con la educación para la salud y la alimentación.
3) Descubrir las posibilidades educativas de distintas actividades innovadoras.

4) Reflexionar sobre el impacto de determinados contextos y actividades en el desarrollo global del niño de 0 a 3 años.

5) Debatir sobre las ventajas e inconvenientes de determinadas pautas educativas familiares y/o escolares en el desarrollo del niño.

PROCEDIMIENTO

PRIMERA PARTE: Trabajo tutorizado

Inicialmente, el docente preguntará a los alumnos sobre sus conocimientos y percepciones sobre el tema de los hábitos de vida saludables y de alimentación infantil así como de experiencias conocidas o vivenciadas relacionadas con el tema. Este debate se completará con la introducción del docente sobre la justificación de la importancia del buen desarrollo de hábitos de salud y alimentación para el desarrollo integral del niño.

Posteriormente, el docente comentará el contenido general del vídeo http://www.infoexpres.es/seccion.asp?idseccion=6114&idnoticia=115719 y marcará los aspectos fundamentales que observar y analizar para un buen análisis del documental así como los objetivos que se pretenden conseguir con la realización de la práctica.

SEGUNDA PARTE: Trabajo autónomo

El grupo de alumnos visualizará el documental. El alumno individualmente analizará y anotará los aspectos fundamentales que aparecen (experiencias, actividades, proyectos, comentarios, notas de interés, sugerencias, etc.). Durante el visionado el docente podrá realizar comentarios o aclaraciones que favorezcan el análisis y la comprensión de las actividades expuestas. Seguidamente, individualmente o por parejas (según criterio del docente), se contestarán las preguntas que aparecen en el cuestionario.

TERCERA PARTE: Trabajo autónomo

Finalmente se comentarán en gran grupo las respuestas a las cuestiones y las dudas o aspectos que destacar de los contenidos tratados.

El docente coordinará la exposición de las respuestas por parte de las parejas, completará los comentarios y respuestas y dinamizará los debates que surjan.

Todos los comentarios del docente y de los alumnos formarán parte del informe final elaborado por el alumno.

CUARTA PARTE: Trabajo autónomo

Cada alumno elaborará por ordenador el INFORME DE LA PRÁCTICA según el siguiente esquema:

1) Introducción.
2) Resumen y comentarios de la observación del documental (individualmente).
3) Respuestas de cuestionario (individualmente o en parejas).
4) Comentarios y notas de clase.
5) Valoración general de la práctica.
6) Bibliografía y webgrafía.

ACTIVIDAD ALTERNATIVA

El alumno elaborará por ordenador el INFORME DE LA PRÁCTICA según el siguiente esquema:
1) Introducción.
2) Resumen de la observación del documental.
3) Respuestas de cuestionario individualmente.
4) Elabora una encuesta para las familias que te sirva para conocer los hábitos de alimentación y salud en el hogar. Aplica esa encuesta de 3 familias y comenta los resultados.
5) Valoración general de la práctica.
6) Bibliografía y webgrafía.

CUESTIONARIO

1) Identifica y comenta las áreas o aspectos del desarrollo que se trabajan o potencian a través de las distintas actividades que aparecen en el documental.
2) ¿Cómo es la participación de las familias en los distintos proyectos? ¿Crees que es la adecuada? ¿De qué otras formas implicarías a las familias en proyectos educativos?
3) Qué opinas de los comentarios de la educadora que dice " lo importante es implicar a los niños en los procesos alimenticios" y "es importante responsabilizarlos en los procesos de alimentación y cuidado".
4) Comenta la relación entre el niño y el educador que aparece en el documental.

5) ¿Qué opinas de la incorporación en las escuelas y hogares de la comida ecológica?

6) Haz una nota a las familias en la que informes sobre la realización de un proyecto de almuerzo o comida saludable basado en productos ecológicos y fundamentes su importancia para las distintas áreas del desarrollo de su hijo.

BIBLIOGRAFÍA

- Llei Orgànica 2/2006, de 3 de maig, d'Educació.
- RD.1630/2008, de 29 de setembre, pel qual s'estableixen les ensenyances mínimes del segon cicle d'Educació Infantil.
- Decret 37/2008, de 28 de març, del Consell, pel qual s'estableixen els continguts educatius del primer cicle de l'Educació Infantil a la Comunitat Valenciana. [2008/3829].
- Palacios, J., Marchesi, A. i Coll, C., (1999). *Desarrollo psicológico y educación. Psicología evolutiva.* Madrid. Alianza.
- Berk, L. (2008). *Desarrollo del niño y del adolescente.* Madrid. Prentice Hall.
- Escuela Infantil Rosa Fernández. VIDA SANA. TeleElx (junio 2011) Elx. Recuperado de: http://www.infoexpres.es/seccion.asp?idseccion=6114&idnoticia=115719

PRÁCTICA 16.
EL JUGUETE FAVORITO

INTRODUCCIÓN

Los niños aprenden mucho más jugando que estudiando, haciendo que mirando. El juego que hacen solos sin el control de los adultos es la forma cultural más alta que toca un niño.

Francesco Tonucci

El juego es una de las principales actividades en la vida de un niño. Mediante el juego el niño aprende a manejar el mundo que le rodea y adquiere habilidades para interactuar con el ambiente. Con el juego se potencia la imaginación y el desarrollo de todas las capacidades (físicas, intelectuales, afectivas, sociales y morales) infantiles. Pero, además, con los juguetes los niños elaboran fantasías, sentimientos, temores, deseos e inquietudes a través de las diferentes experiencias lúdicas.

El juego en la primera infancia, y en los niños que aún no han adquirido el lenguaje, es un espejo de su mundo interior que permite divertirse, conocerse a sí mismo, conocer y explorar el mundo, proyectar fantasías, elaborar conflictos, aprender a compartir, socializar e investigar.

Los docentes y educadores como figuras de referencia responsables, junto con la familia, de la educación y el desarrollo de los niños, deben comprender la importancia del juego en la constitución subjetiva de los niños y buscar el modo de acompañarlos en este aprendizaje.

OBJETIVOS

1) Conocer la importancia del juego y los juguetes en el desarrollo de las capacidades infantiles.
2) Analizar las características de distintos juguetes.
3) Reflexionar sobre la importancia de determinados juguetes en nuestra evolución y desarrollo personal.
4) Debatir sobre las posibilidades y limitaciones que ofrecen determinados juguetes en el desarrollo del niño.
5) Conocer las ventajas e inconvenientes que tienen algunos juguetes para el desarrollo integral del niño.

PROCEDIMIENTO

PRIMERA PARTE: Trabajo autónomo

Para iniciar esta práctica los alumnos llevarán a clase el juguete favorito de su infancia.

El juguete elegido debe significar y recordar situaciones y experiencias agradables y enriquecedoras de la infancia.

Una vez elegido, el alumno responderá a las cuestiones que aparecen en el anexo I. Estas cuestiones las llevará contestadas de manera individual a clase.

SEGUNDA PARTE: Trabajo tutorizado

En clase el docente iniciará la exposición sobre la importancia del juego en la infancia y la importancia de determinados juguetes en nuestro desarrollo personal.

Posteriormente, los alumnos iniciarán su propia exposición de juguetes preferidos partiendo de las cuestiones contestadas en el anexo I.

El docente y los demás compañeros de clase podrán preguntar, solicitar aclaraciones, etc.

Finalmente, en gran grupo se reflexionará sobre la importancia de estos juegos en el desarrollo personal, así como las ventajas e inconvenientes que estos juegos han tenido en nuestro desarrollo.

TERCERA PARTE: Trabajo autónomo

Finalmente, el alumno elaborará un informe de la práctica siguiendo el esquema:

1. Introducción.
2. Cuestionario individual anexo I.
3. Reflexiones y aportaciones de clase.
4. Conclusiones.
5. Valoración personal de la práctica.

ACTIVIDAD ALTERNATIVA

El alumno elaborará por ordenador el INFORME DE LA PRÁCTICA según el siguiente esquema:

1. Introducción.
2. Comentario de las ideas principales del capítulo 4: Juguetes: pulse *play* del libro de Honoré, C. (2009). *Bajo Presión. Cómo educar a nuestros hijos en un mundo hiperexigente.* Barcelona. RBA.
3. Valoración personal de la práctica.

BIBLIOGRAFÍA

- Honoré, C. (2009). *Bajo Presión. Cómo educar a nuestros hijos en un mundo hiperexigente.* Barcelona. RBA.

ANEXO I

1. Describe tu juguete favorito: características físicas, material, apariencia, etc.
2. ¿Por qué es tu juguete favorito?
3. ¿Quién o quiénes te lo regalaron?
4. ¿Qué edad tenías cuando te lo regalaron?
5. ¿Recuerdas alguna experiencia o momento de juego con el juguete? Describe la experiencia o momento de juego.
6. ¿Cómo te sentías con el juguete?
7. ¿Ha sido un juguete compartido con otros amigos o hermanos o un juguete para juego individual y/o personal?
8. ¿Alguna vez se rompió, estropeó o fue mal usado por otros hermanos o amigos? ¿cómo te sentiste?
9. ¿Dónde y Cómo conservas el juguete?
10. Otras notas, aclaraciones, indicaciones, observaciones que quieras realizar sobre el juguete.

PRÁCTICA 17.
EL DESARROLLO INFANTIL: POSIBILIDADES DE LA INFANCIA.

INTRODUCCIÓN

¿Son competentes los niños de 0 a 3 años?, ¿cuáles son sus capacidades?, ¿cuáles son sus limitaciones? Son muchas las cuestiones e incertidumbres que docentes, educadores y familias tenemos sobre las capacidades, potencialidades y limitaciones de los niños de 0 a 3 años. Frecuentemente, nuestras intervenciones educativas están condicionadas y sesgadas por nuestras propias creencias sobre las potencialidades de los niños de estas edades y responden a percepciones e ideas erróneas y limitadoras.

La serie *Baby Human* (2003) muestra de forma clara y amena las posibilidades y limitaciones que tienen los bebés. Esta serie ha sido galardonada con la Placa de Oro en la categoría de documentales en el *Chicago International Television Awards* y con la Cámara de Oro en el *US International Film and Video Festival*.

El documental sigue a varios menores de dos años para conocer cómo van aprendiendo a relacionarse, andar, hablar, comprender, etc. A lo largo de los capítulos se describe el perfil de los bebés y se observa la evolución durante varios meses. En primer lugar, se describen las tres habilidades básicas: andar, pensar y hablar. Los tres capítulos siguientes tratan sobre la capacidad de sentir, relacionarse y comprender acercándose al control de los sentimientos, emociones y a la socialización inicial del bebé y sus maneras de entablar relaciones con los padres y otros familiares. El último episodio profundiza en la faceta de entender a los demás, una etapa en la que el bebé empieza a despertar.

OBJETIVOS

1) Conocer los distintos aspectos del desarrollo infantil del niño de 0 a 3 años.
2) Analizar las capacidades y limitaciones de los niños de 0 a 3 años.
3) Reflexionar sobre la importancia de reconocer las capacidades de los niños de 0 a 3 años.
4) Debatir sobre las posibilidades y limitaciones que tienen los niños de 0 a 3 años.
5) Conocer experiencias y casos donde se ponen de manifiesto las capacidades de niños de 0 a 3 años.

PROCEDIMIENTO

PRIMERA PARTE: Trabajo tutorizado

La práctica se iniciará a partir de la reflexión y debate sobre los conocimientos previos de los alumnos sobre las capacidades de los niños de 0 a 3 años. En gran grupo se comentarán estos aspectos para conocer las creencias que tienen los alumnos sobre el desarrollo infantil.

Posteriormente, el docente elegirá, en función de los contenidos que tratar, uno de los siguientes documentales de la serie *Baby Human* (2003).

El docente guiará el visionado del o de los documentales y orientará la observación de cada caso generando debate, análisis y reflexión sobre los temas tratados en cada documental.

SEGUNDA PARTE: Trabajo autónomo

Finalmente, los alumnos elaborarán un informe de la práctica siguiendo el esquema:
1. Introducción.
2. Reflexiones y aportaciones de clase sobre el documental o documentales visionados.
3. Conclusiones.
4. Valoración personal de la práctica.

PRÁCTICA ALTERNATIVA

Aquellos alumnos que no hayan asistido a clase podrán visualizar la serie en los enlaces indicados y realizar un informe de la práctica siguiendo el esquema:

1. Introducción.
2. Breve resumen e ideas principales del documental.
3. Conclusiones.
4. Valoración personal de la práctica.

El docente indicará el vídeo o los vídeos sobre los que se realizará el informe de la práctica.

BIBLIOGRAFÍA Y WEBGRAFÍA

- Divisa Home Video (2003). *Baby Human: Andar* [DVD]. De http://www.tu.tv/videos/baby-human-caminar. Canadá.
- Divisa Home Video (2003). *Baby Human: Pensar* [DVD]. De http://www.tu.tv/videos/baby-human-pensar. Canadá.
- Divisa Home Video (2003). *Baby Human: Hablar* [DVD]. De http://www.tu.tv/videos/baby-human-hablar. Canadá.
- Divisa Home Video (2003). *Baby Human: Sentir* [DVD]. De http://www.tu.tv/videos/baby-human-sentir. Canadá.
- Divisa Home Video (2003). *Baby Human: Relacionarse* [DVD]. De http://www.tu.tv/videos/baby-human-relacionarse. Canadá.
- Divisa Home Video (2003). *Baby Human: Comprender* [DVD]. De http://www.documaniatv.com/documental-baby-human-06-comprender-video_27f34936a.html. Canadá.

PRÁCTICA 18.
EL DESARROLLO INFANTIL PASO A PASO

INTRODUCCIÓN

Esta práctica pretende conectar y afianzar los contenidos teóricos mediante un procedimiento práctico, participativo y activo por parte del alumnado.

Su desarrollo supone una labor de análisis, síntesis y comprensión del desarrollo infantil desde los 0 a los 3 años aproximadamente en las distintas áreas (física, cognitiva, emocional, afectiva y social) y el repaso de diferentes autores y teorías que explican el desarrollo evolutivo.

OBJETIVOS

1) Conocer el desarrollo evolutivo del niño de 0 a 3 años en los distintos planos (físico, biológico, cognitivo, emocional, afectivo y social).
2) Analizar las distintas áreas del desarrollo partiendo de las teorías de Piaget, Vigotsky, Wallon, Erikson, etc.
3) Explicar de manera global el desarrollo evolutivo del niño de 0 a 3 años.
4) Debatir sobre los hitos fundamentales en el desarrollo del niño de 0 a 3 años.
5) Reflexionar sobre la importancia de abordar el desarrollo infantil desde una vertiente integral y sistémica.

PROCEDIMIENTO

PRIMERA PARTE: Trabajo tutorizado

La práctica se iniciará partiendo de las explicaciones del docente sobre el desarrollo evolutivo del niño de 0 a 3 años (características, principales hitos, etc.).

SEGUNDA PARTE: Trabajo autónomo

Posteriormente, los alumnos formarán grupos para trabajar la práctica del siguiente modo:

1) Cada grupo completará el cuadro esquemático del desarrollo evolutivo que aparece en el anexo I. Para ello utilizará los apuntes, el material aportado por el docente y la bibliografía general y específica recomendada.
   Para completar el cuadro seguirán las orientaciones que aparecen en el anexo I.
2) Pero además, cada grupo elaborará a modo de discurso el desarrollo evolutivo indicado en el cuadro esquemático del anexo II. Este apartado tendrá una extensión máxima de una página.

TERCERA PARTE: Trabajo tutorizado

El docente supervisará el desarrollo y la elaboración del cuadro explicativo del desarrollo y aclarará dudas y errores conceptuales que vayan surgiendo.

CUARTA PARTE: Trabajo autónomo

Finalmente, los alumnos por grupos elaborarán un informe por ordenador de la práctica siguiendo el esquema:
1. Introducción.
2. Cuadro esquemático desarrollo evolutivo infantil de 0 a 3 años (anexo II).
3. Texto explicativo del desarrollo evolutivo infantil de 0 a 3 años (una página).
4. Conclusiones.
5. Valoración personal de la práctica.

BIBLIOGRAFÍA BÁSICA Y RECOMENDADA

- Bolwby, J. (1993). *El vínculo afectivo*. Paidós. Barcelona.
- Bolwby, J.. (1993). *La separación afectiva*. Paidós. Barcelona.
- Bruner, J. S. (1986). *El habla del niño*, Barcelona. Paidós.
- Gómez, J. C y Núñez, M. (1998). Introducción. La mente social y la mente física: desarrollo y dominios de conocimiento. *Infancia y Aprendizaje*, 84, 5-32.
- Marchesi, A. Y Coll, C. (1999). *Desarrollo psicológico y educación*. Madrid. Alianza.
- Riviére, A. (1985). *La psicología de Vygotski*. Madrid. Visor.

ANEXO I

ORIENTACIONES PARA ELABORAR EL CUADRO DEL DESARROLLO EVOLUTIVO.

1. Plano Biológico-físico y motor

Es importante tener claras las dos leyes fundamentales que rigen el desarrollo biológico y físico, así como su relación con el movimiento (psicomotricidad).

Los reflejos constituyen parte del legado evolutivo y son una herramienta básica para la supervivencia y adaptación al medio. Son reacciones involuntarias al medio interno y externo. Algunos reflejos desaparecen sobre los tres o cuatro meses de edad dando paso a reacciones cada vez más controladas y voluntarias, pero no todos desaparecen, algunos permanecen durante toda la vida.

2. Plano cognitivo

Para explicar y describir el plano cognitivo seguiremos la teoría elaborada por J. Piaget y colaboradores. Aunque conocemos que algunas de las propuestas de esta teoría están hoy superadas, la realidad es que el apartado relacionado con el desarrollo estructural del pensamiento sigue estando vigente.

La atención, la memoria y la percepción son procesos psicológicos básicos cuyo estudio e investigación han puesto de manifiesto que la teoría piagetiana está definida en este periodo (sensomotor) más en lo estructural que en lo procesal y, por tanto, las habilidades de los bebés durante este periodo para adaptarse al medio son potentes controladores y organizadores de su propio proceso de desarrollo posterior (también en lo estructural).

Al final de este periodo y siguiendo a Piaget las personas con aproximadamente dos años de edad conquistan la capacidad de representación. Piaget la denomina *Función simbólica* o semántica en cuanto que posibilita compartir un código de comunicación.

Las fases del desarrollo del lenguaje hablado las podemos abordar también dentro del plano social como parte fundamental del desarrollo de la comunicación. Hemos de ser conscientes de la interdependencia y variabilidad que definen el desarrollo personal.

Al describir las fases en las que divide Piaget el primer periodo, no es suficiente con nombrarlas y situarlas en el momento evolutivo adecuado, también es importante tener claro conceptualmente lo que significan y para ello nada mejor que un ejemplo.

3. Plano emocional

Es importante tener claro qué es una emoción, sus momentos evolutivos, su desarrollo y su relación con el establecimiento de vínculos afectivos: EL APEGO, sus tipos y su importancia en el desarrollo posterior de la personalidad cuya estructura, siguiendo a Freud, la entendemos como compuesta de tres ejes (el ello, el yo y el superyó) que entretejen la forma de solucionar los conflictos del ser humano (hombre y mujer) a lo largo de su biografía y donde las primeras experiencias, como ya sabemos, dejan una huella importante pero no irreversible.

Diferenciar entre emociones básicas y emociones morales y su regulación como base de la adaptación.

4. Plano afectivo

Estas primeras experiencias que Freud señala durante cuatro momentos evolutivos, de solución de conflictos y de encontrar las fuentes de satisfacción, están marcadas por la principal fuente de energía vital y su contrario, la libido, que nos empuja a crecer sin avisarnos de que a la vez nos lleva a la muerte.

Diferenciar las distintas posiciones teóricas respecto al desarrollo de la personalidad de otros autores estudiados.

5. Plano social

Podríamos comenzar por señalar los procesos de socialización y la importancia de su contextualización. Comportamentales, afectivos y mentales contextualizados en una familia concreta (agrupación a la que pertenece) que vive en un barrio concreto y al inicio de la socialización secundaria (escuela y grupos de iguales).

Autores en los que nos podemos apoyar para construir el plano social son: Vigotsky Wallon, Erikson, entre otros.

Señalar como herramientas útiles que tiene el ser humano para adaptarse a la comunidad: la mirada, la sonrisa, el gesto, el sí y el no y el gradual desarrollo y control de la comunicación (el lenguaje, hablado y escrito, formatos de representación).

Indicar la importancia de la cantidad y calidad de las interacciones, así como de su regulación para manipular y adaptar las conductas a escenarios concretos, familiares y próximos.

La interpretación de la realidad, de lo que se le pide para ser aceptado en la comunidad y satisfacer su deseo de pertenencia y seguridad está elaborado con las creencias, actitudes, valores y expectativas que le transfieren las personas de su entorno.

ANEXO II
CUADRO ESQUEMÁTICO DEL DESARROLLO EVOLUTIVO

EDAD	Físico Biológico y Motor	Cognitivo	Emocional	Afectivo	Social
Meses y/o años	Habilidades	Autores (Fecha de nacimiento y muerte) y Sin autor específico	Emociones, básicas, culturales, tipos etc.	Autores (Fecha de nacimiento y muerte) y sin autor específico	Autores (Fecha de nacimiento y muerte) sin autor específico
1mes					
8 meses	Se desplaza (gatea, etc.) Se despierta el miedo al abismo	--	--	--	Referencia social / despierta el miedo al extraño
1 año					
2 años					
3 años					

4. ESTUDIO DE CASOS PRÁCTICOS

CASO 1. ANDRÉS

OBJETIVOS

1) Detectar aspectos o variables personales y/o contextuales que afectan al desarrollo integral del niño.
2) Conocer el impacto que determinadas situaciones personales o ambientales producen en los distintos ámbitos del desarrollo.
3) Analizar las relaciones que existen entre los distintos agentes y cómo afectan al desarrollo del niño/a.
4) Debatir propuestas y actuaciones para minimizar o potenciar el impacto de determinados agentes en el desarrollo del niño.

CASO

Andrés es un niño de 2 años, tiene una hermana, Amparo, de 20 años y sus padres están divorciados. Su hermana se hace cargo de su cuidado, ya que su madre por problemas de conciliación laboral, no puede atenderlo todo lo que quisiera. Andrés es el primer año que está en la escuela infantil, tiene un comportamiento peculiar ya que después de saludar a la maestra, entra a su clase corriendo y, sin mirar a su alrededor, empuja y agrede a sus compañeros. Ante la aparición de conflictos y agresiones, los niños de la clase culpan a Andrés, aunque él no las haya realizado. Su madre muchas mañanas lo lleva a la escuela infantil con prisa, una actitud nerviosa y lo despide con un "pórtate bien, Andrés". El trabajo educativo con el alumno ha llegado a cuestionar la confianza de la maestra para trabajar en Educación Infantil.

ESTUDIO DEL CASO

Ante esta situación:

1. Primera aproximación al estudio del caso.
2. Cuestionario de análisis e interpretación profesional del caso.

1. ¿Qué aspectos o variables personales y/o contextuales tendrás en cuenta para llevar a cabo una primera valoración y/o actuación sobre el caso?
2. ¿En qué aspectos del desarrollo evolutivo (físico, intelectual, afectivo, social y moral) del niño piensas que pueden influir la vivencia personal de Andrés y de qué manera?
3. ¿En qué medida y de qué forma piensas que esta situación puede afectar al trabajo de la maestra en la escuela infantil?
4. ¿Qué orientaciones le darías a la madre de Andrés para tratar a su hijo en casa?

INFORME DEL CASO

Al finalizar el estudio el alumno elaborará un informe por ordenador según los apartados siguientes:

1. Primera aproximación al caso de estudio.
2. Análisis e interpretación profesional del caso (preguntas).
3. Conclusiones y valoración personal.
4. Bibliografía.

CASO 2. JUDITH

OBJETIVOS

a) Detectar aspectos o variables personales y/o contextuales que afectan al desarrollo integral del niño/a.
b) Conocer el impacto que determinadas situaciones personales o ambientales producen en los distintos ámbitos del desarrollo.
c) Analizar las relaciones que existen entre los distintos agentes y cómo afectan al desarrollo del niño/a.
d) Debatir propuestas y actuaciones para minimizar o potenciar el impacto de determinados agentes en el desarrollo del niño.

CASO

Judith es una niña de 2 años, hija única de una familia de nivel social bajo. Ha entrado a la escuela infantil por primera vez. Su interacción con los compañeros es limitada. A la hora de la comida, empieza a llorar nada más sentarse en el comedor y no quiere comer. Judith estaba alimentada con biberones y "potitos", no sabe masticar y toda la comida se la dan triturada. La maestra y la directora de la escuela infantil se coordinaron con la familia para encontrar una solución, ya que en casa de Judith comía lo que ella pedía y le gustaba.

ESTUDIO DEL CASO

Ante esta situación:

a) Primera aproximación al estudio del caso.
b) Cuestionario de análisis e interpretación profesional del caso.
   1. Qué aspectos o variables personales y/o contextuales tendrás en cuenta para llevar a cabo una primera valoración y/o actuación sobre el caso.
   2. ¿Crees que la situación familiar de Judith le puede estar afectando en algún aspecto de su desarrollo evolutivo (físico, intelectual, afectivo, social y moral)? ¿De qué manera?
   3. ¿Qué medidas adoptarías para ayudar al proceso de autonomía en la alimentación de los niños/as?
   4. ¿Qué orientaciones le darías a la familia de Judith para favorecer su desarrollo en casa?

INFORME DEL CASO

Al finalizar el estudio el alumno elaborará un INFORME DEL CASO por ordenador según los apartados siguientes:

1) Primera aproximación al caso de estudio.
2) Análisis e interpretación profesional del caso (según preguntas).
3) Conclusiones y valoración personal.
4) Bibliografía.

CASO 3. BRYAN

OBJETIVOS

1) Detectar aspectos o variables personales y/o contextuales que afectan al desarrollo integral del niño/a.
2) Conocer el impacto que determinadas situaciones personales o ambientales producen en los distintos ámbitos del desarrollo.
3) Analizar las relaciones que existen entre los distintos agentes y cómo afectan al desarrollo del niño/a.
4) Debatir propuestas y actuaciones para minimizar o potenciar el impacto de determinados agentes en el desarrollo del niño.

CASO

Bryan es un niño de 2 años, hijo único de una familia de clase media baja. Entra por primera vez a la escuela infantil, en el aula de 2-3 años. La madre de Bryan deja a su hijo y rápidamente se va a trabajar. A su llegada a la clase, Bryan se escondía debajo del tobogán-casita y no se relacionaba con sus compañeros. Una mañana su madre comentaba lo siguiente: "Bryan se ha puesto a llorar en el coche porque no he aparcado en el sitio de siempre, al lado del parque, lo he traído arrastrando y llorando, no puedo con mi hijo". Bryan también mostraba su individualidad en el control de esfínteres, su madre quería y "obligaba" al equipo educativo a sacarle "el pañal" y Bryan se resistía a quitárselo.

ESTUDIO DEL CASO

Ante esta situación:

1. Primera aproximación al estudio del caso.
2. Cuestionario de análisis e interpretación profesional del caso.
   a. Qué aspectos o variables personales y/o contextuales tendrás en cuenta para llevar a cabo una primera valoración y/o actuación sobre el caso.
   b. ¿Crees que la situación familiar de Bryan le puede estar afectando en algún aspecto de su desarrollo evolutivo (físico, intelectual, afectivo, social y moral)? ¿De qué manera?
   c. ¿Qué medidas adoptarías para ayudar al proceso de autonomía en el control de esfínteres de los niños/as?

d. ¿Qué orientaciones le darías a la familia de Bryan para favorecer su desarrollo en casa?

INFORME DEL CASO

Al finalizar el estudio el alumno elaborará un INFORME DEL CASO por ordenador según los apartados siguientes:

1) Primera aproximación al caso de estudio.
2) Análisis e interpretación profesional del caso (según preguntas).
3) Conclusiones y valoración personal.
4) Bibliografía.

CASO 4. SERGIO

OBJETIVOS

1) Detectar aspectos o variables personales y/o contextuales que afectan al desarrollo integral del niño/a.
2) Conocer el impacto que determinadas situaciones personales o ambientales producen en los distintos ámbitos del desarrollo.
3) Analizar las relaciones que existen entre los distintos agentes y cómo afectan al desarrollo del niño/a.
4) Debatir propuestas y actuaciones para minimizar o potenciar el impacto de determinados agentes en el desarrollo del niño.

CASO

Sergi es un niño de 20 meses. Vive con los padres, el abuelo y dos hermanas de 6 y 10 años. El cuidado de Sergi y de sus hermanas es realizado por una vecina del edificio donde viven. Sergi mantiene rabietas continuas con sus hermanas en el momento que están juntos en casa por la tarde. Los padres llegan muy tarde del trabajo y Sergi los busca y se mantiene cerca de ellos. A veces se acerca al padre para que le muestre su afecto, pero se pone a llorar si lo cogen en el brazo y se calma si lo dejan en tierra. La madre de Sergi se muestra preocupada porque hay varias personas que han dejado el trabajo de atender a sus hijos por sus rabietas.

ESTUDIO DEL CASO

Ante esta situación:

1. Primera aproximación al estudio del caso.
2. Cuestionario de análisis e interpretación profesional del caso.
   a) ¿Qué aspectos o variables personales y/o contextuales tendrás en cuenta para llevar a cabo una primera valoración y/o actuación sobre el caso?
   b) ¿Crees que la situación familiar le puede estar afectando en algún aspecto de su desarrollo evolutivo (físico, intelectual, afectivo, social y moral)? ¿De qué manera?
   c) ¿Qué medidas adoptarías para ayudar al proceso de autonomía en el control de esfínteres de los niños/as?

d) ¿Qué orientaciones le darías a la familia de Sergio para favorecer su desarrollo en casa?

INFORME DEL CASO

Al finalizar el estudio el alumno elaborará un INFORME DEL CASO por ordenador según los apartados siguientes:

1. Primera aproximación al caso de estudio.
2. Análisis e interpretación profesional del caso (según preguntas).
3. Conclusiones y valoración personal.
4. Bibliografía.

CASO 5. ADAM

OBJETIVOS

1) Detectar aspectos o variables personales y/o contextuales que afectan al desarrollo integral del niño/a.
2) Conocer el impacto que determinadas situaciones personales o ambientales producen en los distintos ámbitos del desarrollo.
3) Analizar las relaciones que existen entre los distintos agentes y cómo afectan al desarrollo del niño/a.
4) Debatir propuestas y actuaciones para minimizar o potenciar el impacto de determinados agentes en el desarrollo del niño.

CASO

Adam es un niño de 2 años. Cuando nació, la madre tenía 16 años. Durante el primer año y medio vivió con ella en una casa de acogida. A los dieciséis meses fue entregado en adopción a una nueva familia. Desde el primer momento, el niño tuvo un comportamiento irascible y lloraba continuamente delante de la atención de los nuevos padres. Con el objetivo de socializar al niño, la familia lo matriculó en la escuela infantil, pero lo tuvo que sacar por rabietas que tenía en las entradas y salidas de la escuela.

ESTUDIO DEL CASO

Ante esta situación:

1. Primera aproximación al estudio del caso.
2. Cuestionario de análisis e interpretación profesional del caso.
   a) ¿Qué aspectos o variables personales y contextuales tendrás en cuenta para llevar a cabo una primera valoración y actuación sobre el caso?
   b) ¿En qué aspectos del desarrollo evolutivo (físico, intelectual, afectivo, social y moral) del niño piensa que pueden influir su vivencia personal y de qué manera?
   c) ¿En qué medida y de qué manera piensas que esta situación puede afectar el trabajo de la maestra en la escuela infantil?
   d) ¿Qué orientaciones darías a la familia para tratar las dificultades de su hijo en casa?

INFORME DEL CASO

Al finalizar el estudio el alumno elaborará un INFORME DEL CASO por ordenador según los apartados siguientes:
1. Primera aproximación al caso de estudio.
2. Análisis e interpretación profesional del caso (según preguntas).
3. Conclusiones y valoración personal.
4. Bibliografía.

CASO 6. ÁNGEL

OBJETIVOS

1) Detectar aspectos o variables personales y/o contextuales que afectan al desarrollo integral del niño/a.
2) Conocer el impacto que determinadas situaciones personales o ambientales producen en los distintos ámbitos del desarrollo.
3) Analizar las relaciones que existen entre los distintos agentes y cómo afectan al desarrollo del niño/a.
4) Debatir propuestas y actuaciones para minimizar o potenciar el impacto de determinados agentes en el desarrollo del niño.

CASO

Ángel es un niño de 20 meses que vive actualmente con su abuela y su hermano de 7 años. Los padres están divorciados y Ángel ha tenido poco contacto con la madre debido a una larga hospitalización y con el padre porque después del divorcio mostró poco interés en su cuidado y educación. Por otra parte, su hermano es diabético desde los 2 años y la atención de su abuela ha sido desplazada a su hermano y su madre. Ángel ha estado escolarizado en la escuela infantil desde los 5 meses, mostrando un retraso motor importante. Ángel es el último en ser recogido en la escuela infantil por su abuela y en la recogida se muestra indiferente.

ESTUDIO DEL CASO

Ante esta situación:

1. Primera aproximación al estudio del caso.
2. Cuestionario de análisis e interpretación profesional del caso.
   a) ¿Qué aspectos o variables personales y contextuales tendrás en cuenta para llevar a cabo una primera valoración y actuación sobre el caso?
   b) ¿En qué aspectos del desarrollo evolutivo (físico, intelectual, afectivo, social y moral) del niño piensa que pueden influir su vivencia personal y de qué manera?
   c) ¿En qué medida y de qué manera piensas que esta situación puede afectar el trabajo de la maestra en la escuela infantil?

d) ¿Qué orientaciones darías a la familia para tratar las dificultades de su hijo en casa?

INFORME DEL CASO

Al finalizar el estudio el alumno elaborará un INFORME DEL CASO por ordenador según los apartados siguientes:

1. Primera aproximación al caso de estudio.
2. Análisis e interpretación profesional del caso (según preguntas).
3. Conclusiones y valoración personal.
4. Bibliografía.

CASO 7. FERNANDO

OBJETIVOS

1) Detectar aspectos o variables personales y/o contextuales que afectan al desarrollo integral del niño/a.
2) Conocer el impacto que determinadas situaciones personales o ambientales producen en los distintos ámbitos del desarrollo.
3) Analizar las relaciones que existen entre los distintos agentes y cómo afectan al desarrollo del niño/a.
4) Debatir propuestas y actuaciones para minimizar o potenciar el impacto de determinados agentes en el desarrollo del niño.

CASO

Fernando es un bebé de 7 meses. Vive con sus padres que son profesores en la Universidad. Como es primer hijo han decidido que uno de los miembros de la pareja se coja la excedencia por cuidado de hijo. Fernando es un bebé muy querido, es tranquilo y alegre. A menudo cuando ve a los padres les sonríe y cuando llora se calma cuando lo cogen a brazos. Sus padres identifican los diferentes llantos de su hijo (hambre, sueño, necesidades fisiológicas...).

ESTUDIO DEL CASO

Ante esta situación:

1. Primera aproximación al estudio del caso.
2. Cuestionario de análisis e interpretación profesional del caso.
   a) ¿Qué aspectos o variables personales y contextuales tendrás en cuenta para llevar a cabo una primera valoración y actuación sobre el caso?
   b) ¿En qué aspectos del desarrollo evolutivo (físico, intelectual, afectivo, social y moral) del niño piensa que puede influir su vivencia personal y de qué manera?
   c) Con los datos que aparecen en este caso, ¿se puede deducir el tipo de vínculo que hay entre los padres y Ferrán?
   d) ¿Crees que este tipo de vínculo favorece la exploración del niño en ausencia de los padres? Justifica la respuesta.

e) ¿Cómo repercute este tipo de vínculo en las diversas áreas del desarrollo de Fernando?

INFORME DEL CASO

Al finalizar el estudio el alumno elaborará un INFORME DEL CASO por ordenador según los apartados siguientes:

1. Primera aproximación al caso de estudio.
2. Análisis e interpretación profesional del caso (según preguntas).
3. Conclusiones y valoración personal.
4. Bibliografía.

5. BIBLIOGRAFÍA

Aguilar, J. M. (2006). *Con papá y con mamá.* Córdoba. Almuzara.

Ainsworth, M. (1967). *Infancy in Uganda.* Baltimore. Johns Hopkins.

Algarra, Manuel; Seijas, Leopoldo; Carrillo, M.ª Victoria, *Nuevos escenarios de la comunicación y de la opinión pública*, pp. 173-178. Madrid.

Arranz, E. (2004). *Familia y desarrollo psicológico.* Madrid: Pearson Prentice Hall.

Aucouturier, B. (1997). Introducción a la práctica psicomotriz. *Aula de Innovación Educativa, 136,* 79-83.

Bender, L. (1985). *Test guestaltico visomotor. Usos y aplicaciones clínicas.* Barcelona. Paidós.

Berger, K. S. (2007). *Psicología del Desarrollo: infancia y adolescencia.* Madrid. Medica Panamericana.

Bergeron, M. (2000). *El desarrollo psicológico del niño: desde la primera edad hasta la adolescencia.* Madrid. Morata.

Berk, L. (1999). *Desarrollo del niño y del adolescente.* Madrid. Prentice Hall.

Bernal, J. L. (2006). *Pautas para el diseño de una asignatura desde la perspectiva de los ECTS.* Zaragoza. Universidad de Zaragoza.

Berruezo, P. P (1995). El cuerpo, el desarrollo y la psicomotricidad. *Psicomotricidad. Revista de estudios y experiencias.* 49, 15-26.

Berruezo, P. P (1996). La psicomotricidad en España: de un pasado de incomprensión a un futuro de esperanza. *Psicomotricidad. Revista de Estudios y Experiencias*, núm. 53, *vol. 2,* 57-64.

Berruezo, P. P (2000). El contenido de la psicomotricidad. En Bottini, P. (Ed.), *Psicomotricidad: prácticas y conceptos* (pp. 43-99). Madrid. Miño y Dávila.

Berruezo, P. P. (2000). Hacia el marco conceptual de la psicomotricidad a partir del desarrollo práctico en Europa y en España. *Revista Interuniversitaria de Formación del Profesorado,* 37, 21-33.

Biniés, P. (1997). La pràctica psicomotriu: El joc i l'acció. *Infància. Revista de l'Associació de Mestres Rosa Sensat,* 94. 9-11.

Bizquera, R. (2000). *Educación emocional y bienestar.* Barcelona. Praxis.

Blakemore, S. y Frith, U. (2011). *Como aprende el cerebro: Las claves para la educación.* Barcelona. Ariel.

Blanca, L. y Padilla, G. (Eds.) (2002). *Manual de estilo de publicaciones de la American Psychologycal Association.* Santafé de Bogotá. El Manual Moderno.

Bringué, X. y Sádaba, C. (2009), *La Generación Interactiva en España. Niños y Adolescentes frente a las pantallas.* Fundación Telefónica-Foro Generaciones Interacivas. Barcelona. Ariel.

Bronfenbrenner, U. (1987). *La ecología del desarrollo humano.* Barcelona. Paidós.

Calafat, A. Amengual, M., Farrés, C., Mejías, G. y Borrás, M., (1992). *Programa de educación sobre drogas "Tú decides"* 3.ª Edición.

Canal BBC (1998). *El cuerpo humano, Adolescencia: rebelión hormonal* [Vídeo].

Canal Odisea (2011). *Guía para entender a los adolescentes: cambios de humor.* [Video].

Canales, T. (2002). *Formato Apa–Quinta Edición.* Extraído el 24 de marzo de 2010 desde http://www.unap.cl/p4_biblio/docs/Normas_APA.pdf

Cantón, J. (2000). *Conflictos matrimoniales, divorcio y desarrollo de los hijos.* Madrid. Ed. Pirámide.

Cantón, J., Cortés, M. R., y Justicia, M. D. (2007). *Conflictos entre los padres, divorcio y desarrollo de los hijos.* Madrid. Pirámide.

Carpena, A. (2003). *Educación socioemocional en la etapa de primaria: materiales prácticos y de reflexión.* Barcelona. Ed. Octaedro.

Castejón, J. L., y Pérez, A. M. (1998). Un modelo causal-explicativo sobre la influencia de las variables psicosociales en el rendimiento académico. A causal explicative model about de influence of psycho-social variables on academic achievement. *Bordon, 50,* 171-185.

Cava, M. J. y Musitu, G. (2000). Distribución sociométrica en las aulas de chicos y chicas a lo largo de la escolaridad. *Revista de Psicología Soc*ial, 3, 319-333.

CEAPA (2006). *Habilidades de comunicación y estilos educativos parentales.* [Vídeo]. Disponible en: http://videos.dibujalia.com/aire-comunicacion/habilidades-de-comunicacion-y-estilos-educativos-parentales-video_6f0d61f8b.html

CEAPA (2008). *Habilidades de comunicación familiar 2. Resolución de conflictos. Negociación de un límite* [Video]. Disponible en: http://www.youtube.com/watch?v=AyleV9-mYuo

CEAPA (2008). *Habilidades de comunicación familiar 2. Resolución de conflictos. Habilidades ante un conflicto: autocontrol* [Vídeo]. Disponible en: http://www.youtube.com/watch?v=0n1QLYiEUMk

Clark, A., Clemes, H. y Bean, R. (2000). *Cómo desarrollar la autoestima en adolescentes*. Madrid. Debate.

Coles, R. (1998). *La inteligencia moral del niño y del adolescente*. Barcelona. Kairós.

Cordoba, A. I., Descals, A., y Gil, M. D. (2010). Psicología del desarrollo en la edad escolar. Madrid. Pirámide.

Corral, A., Gutiérrez, F. y Herranz Ybarra, P. (1997). *Psicología Evolutiva (volumen 1)*. Madrid. UNED.

Cortina, A. (2000-2001). El vigor de los valores morales para la convivencia. Disponible en: http://www.mec.es/cesces/seminario2000-2001.html

Craig, Grace J. (2001). *Desarrollo psicológico*. México. Ed. Prentice-Hall Hispanoamericana.

Cruz, M. V. (1999). *Manual de aptitudes en educación infantil*. Madrid. TEA.

Cuento para trabajar en clase que incluye orientaciones sobre la separación para los padres: Lamblin, C. (2003). *Els pares de la Sara se separen*. Barcelona. Baula.

De Gracia, M., Marco, M., Trujano, P. (2007). Factores asociados a la conducta alimentaria en preadolescentes. *Psicothema*, 19, 646-653.

Decreto 37/2008, de 28 de marzo, del Consell, por el que se establecen los contenidos educativos del primer ciclo de la Educación Infantil en la Comunitat Valenciana. [2008/3829].

Del Pueyo, B. y Perales, A. (2005). *¿Y si mi hijo se droga?* Editorial Grijalbo.

Delval, J. (1994). *El desarrollo humano*. Madrid. Siglo XXI.

Dennison, P. E., y Deninnson, G. E. (2011). *Activitats senzilles per a l'aprenentatge amb tot el cervell*. Barcelona. Graó.

Departamento de salud y servicios humanos de los Estados Unidos. Instituto Nacional de Salud, Instituto Nacional sobre abuso de drogas 2004 (NIDA): *Cómo prevenir el uso de drogas en los niños y los adolescentes; una guía con base científica para padres, educadores y líderes en la comunidad.*

Díaz-Aguado, M. J., y Andrés, M.T. (1999). Aprendizaje cooperativo y educación intercultural". Investigación en centros de primaria. *Psicología educativa. Revista de los psicólogos de la educación*, 5(2), 140-200

Díez de Ulzurrum, A., Martí, J. (1998). Les habilitats socials: la presa de decisions i la resolución de conflictes. 1. *Suplemet guix 241*, núm. 47.

Díez de Ulzurrum, A., Martí, J. (1998). Les habilitats socials: la presa de decisions i la resolución de conflictes. 2. *Suplemet guix 242*, núm. 48.

Díez de Ulzurrun, A., Masegosa, A. (1996). *La dinámica de grups en l'acció tutorial: activitats per a fer a l'aula*. Editorial Graó.

Dirección General de Orientación Educativa y Solidaridad (2003). *Guía para la atención educativa a los alumnos y alumnas con enfermedad crónica.* Sevilla: Consejería de Educación y Ciencia, Junta de Andalucía. Disponible en: http://www.juntadeandalucia.es/educacion/portal/com/ bin/portal/Contenidos/Consejeria/PSE/Publicaciones/Alumnado_con_ Necesidades_Educativas_Especiales/Guia_Alumnado_Enfermedades_ Cronicas/guxa_para_la_atencixn_educativa_al_alumnado_con_ enfermedades_cronicas.pdf

Disponible en: http://hdl.handle.net/10459.1/41708

Estilos familiares educativos e indisciplina. [Vídeo]. Disponible en: http:// taringamp3.com/videos/estilos-educativos-vid-nMN!ttiapquUrL8.html

Évano, C. (2006). *La gestión mental. Otra forma de ver y escuchar en pedagogía.* Barcelona. Graó.

Feldman, R. S. (2008). *Desarrollo en la infancia* (4.ª edición). Méjico. Pearson Educación.

Fernández de Haro, E., Justicia, F. y Pichardo, M. C. (2007). *Enciclopedia de Psicología Evolutiva y de la Educación.* Vol. 1. Málaga. Ediciones Aljibe.

Fernández García, I. (2001). *Guía para la convivencia en el aula.* Editorial Ciss Praxis.

Fernández García, I., Martín Ortega, E. (1998). *Prevención de la violencia y resolución de conflictos: el clima escolar como factor de calidad.* Editorial Narcea.

Fernández, L. (2004). *Anorexia y bulimia. ¿Qué puede hacer la familia?* Cuadernos de Educación para la Salud 12. Madrid. Eneida.

First, M. B., Frances, A. y Pincus, H. A. (2005). *DSM-IV-TR. Guía de Uso.* Barcelona. Masson.

Fuentes, M. (2010). La por: una emoció viscuda a l'escola. *Guix d'Infantil núm.54*, pp 13-16.

Funes Artiaga, J. (2010). *Ideas clave: Educar en la Adolescencia.* Editorial Grao.

Gallego, J. L. y Fernández de Haro, E. (Dirs.) (2003). *Enciclopedia de Educación Infantil.* Vol. I. Málaga. Ediciones Aljibe.

Garaigordobil, M. (2002). Relevancia del juego cooperativo y creativo en el desarrollo cognitivo, social y emocional. En: M. Llorca, V. Ramos; J. Sánchez y A. Vega (Eds.), *La práctica psicomotriz. Una propuesta educativa mediante el cuerpo y el movimiento* (pp. 489-566). Málaga. Aljibe.

Garaigordobil, M. (2003). *Intervención psicológica para desarrollar la personalidad infantil. Juego, conducta prosocial y creatividad.* Madrid. Pirámide.

Garaigordobil, M. (2005). Importancia del juego infantil en el desarrollo humano. *Revista Aula de Infantil*, 25, 37-43.

Garaigordobil, M. (2005). *Juegos cooperativos y creativos para grupos de niños de 4 a 6 años*. Madrid. Pirámide.

Garaigordobil, M. (2005). *Juegos cooperativos y creativos para grupos de niños de 6 a 8 años*. Madrid. Pirámide.

Garaigordobil, M. (2005). *Juegos cooperativos y creativos para grupos de niños de 8 a 10 años*. Madrid. Pirámide.

García, B. (2010). *Claves para aprender en un ambiente positivo y divertido. Todo rueda mejor si se engrasa con humor.* Madrid. Pirámide.

García, P. (2011). "La depresión en los niños pequeños". *Aula de infantil n.º 62.*

García-Bacete, F. J., Sureda, I. y Monjas, I. (2008). "Distribución sociométrica en las aulas de chicos y chicas a lo largo de la escolaridad". *Revista de Psicología Social, 23,* 63-74.

Gardner, H. (1986). *Estructura de la mente. La teoría de las múltiples inteligencias.* México. Fondo de Cultura Económica.

Gassier, J. (1996). *Manual del desarrollo psicomotor del niño.* Barcelona. Masson.

Gilar, R., González,C., Mañas, C., Ordóñez, T. (2009). Guía docente de Psicología de la Educación y del desarrollo en edad escolar. En: A. Gomis y A. Lledó, *Un proyecto colaborativo en la Facultad de Educación. Guías docentes de la titulación de maestro.* Serie Redes. Alicante. Universidad de Alicante. Marfil.

Gisbert, M. (2003) *Les petites (i grans) emocions de la vida.* València. Tàndem.

González, A., Fernández, J. R., Secades, R. *Guía para la detección e intervención temprana con Menores en riesgo.* Colegio Oficial de Psicólogos del Principado de Asturias.

Gutiérrez, M. (1991). *La educación psicomotriz y el juego en la edad escolar.* Sevilla. Wanceulen.

Gutiérrez, M. (2009). *140 juegos de educación psicomotriz.* Sevilla. Wanceulen.

Herrán, A. de la y Cortina, M. y Nolla, A. (2009). Propuestas para anticiparse al duelo. *Cuadernos de pedagogía, 388,* 68-75.

Herrán, A. de la y Cortina, M. (2008). *La muerte y su Didáctica en Educación Infantil, Primaria y Secundaria* (2.ª ed.). Madrid. Universitas.

Herrán, A. de la y Cortina, M. (2011). *Pedagogía de la muerte a través del cine.* Madrid. Universitas.

Herrero, O. (2009). El duelo en el niño: cuándo es normal y cuándo se complica. *Cuadernos de pedagogía, 388*, 54-56.

Hirsh-Pasek, K., y Michnick, R. (2005). *Einstein nunca memorizó, aprendió jugando*. Madrid. MR Ediciones.

Hoffman, L., Paris, S. y Hall, E. (1995). *Psicología del desarrollo hoy.* Madrid. McGraw-Hill.

Honoré, C. (2009). Deportes: pásala. En: Honoré, C. *Bajo Presión: cómo educar a nuestros hijos en un mundo hiperexigente* (pp. 195-212). Barcelona. RBA.

Hurlock, E. B. (1966). *Desarrollo psicológico del niño*. Madrid. Castillo.

IAB Spain y Elogia Ipsofacto (2009). *Estudio sobre redes sociales en Internet.* Disponible en: http://www.slideshare.net/ IAB _ Spain/informe-redes-sociales-iab-2010-noviembre-2010 y http:// www.slideshare.net/IAB _ Spain/informe-sobre-redes-sociales-en-espaa

Ibarrola, B. (2005). *Cuentos para sentir 2: educar los sentimientos*. Madrid. SM.

Ibarrola, B. (2005). *Cuentos para sentir: educar las emociones*. Madrid. SM.

Inglés, C. J., Delgado, B. García-Fernández, J. M. Ruiz-Esteban, C. y Díaz-Herrero. A. (2010). Tipos sociométricos y estilos de interacción social en una muestra de adolescentes españoles. *Spanish Journal of Psychology, 13*, 728-738.

Irastorza, A. (2011). *Abordaje emocional desde la psicomotricidad relacional.* [Vídeo]. Disponible en: <http://www.youtube.com/watch?v=B-VJnyCCtMU>.

Juan Garrigós, M. (2005). Educar en valors positius: de l'autoestima al coneixement dels altres. *Guix, 319*, 13-17.

Julián, J. P. y Saborit, C. (2009). *Aplicació Informàtica NAC-ACS II: Adaptació Curricular*. Castellón. Universidad Jaume I.

Kimmel, D. y Weiner, I. (1998). *La adolescencia: una transición del desarrollo*. Madrid. Ariel Psicología.

Lagardera, F., y Lavega, P. (2003). *Introducción a la praxiología motriz.* Barcelona. Paidotribo.

Lagardera, F., y Lavega, P. (eds). (2004). *La ciencia de la acción motriz*. Lleida. Universitat de Lleida.

Lavega, P., Filella, G., Agulló, M. J., Soldevila, A. y March, J.(2011). Conocer las emociones a través de juegos: Ayuda para los futuros docentes en la toma de decisiones. *Electronic Journal of Research in educational Psychology, 24,* 617.

Lavega, P., Mateu, M., Lagardera, F., y Filella, G. (2010) Educar emociones positivas a través de los juegos deportivo. En: Torralba, M. A., De Fuentes, M., Calvo, J. y Cardozo, J. F. (eds.), *Docencia, innovación e investigación en educación física.* pp. 111-139. Barcelona. INDE Publicaciones.

Lázaro, A. (2000). La inclusión de la psicomotricidad en el proyecto curricular de educación especial: de la teoría a la práctica educativa. *Psicomotricidad y educación. Revista Interuniversitaria de formación del profesorado, 37,*121-138.

Lillo. J. (2009). *Príncipes y princesas. El mito del amor romántico: Posesión, dominación y control en el cortejo y el noviazgo preadolescente.* Extraído el 13 de marzo de 2012 en: http://wikimujeres.net/sites/default/files/Pr%C3%ADncipes%20y%20princesas_0.pdf

López Madrid, J. y Salles Tenas, N. (2005). *Prevención de la anorexia y la bulimia: educación en valores para la prevención de los trastornos del comportamiento alimentario.* Barcelona. Nau Libres.

López, F. (1990). *Desarrollo social y de la personalidad.* En Palacios, J., Marchesi, A. y Coll, C. (comps.), *Desarrollo psicológico y educación, Vol. I. Psicología Evolutiva* (99-112). Madrid. Alianza.

Luengo, M. A., Gómez Fragüela J. A., Garra, A., Romero, E., Otero-López, J. M. (1998). *Programa "Construyendo Salud".* Universidad de Santiago de Compostela.

Madruga, J. G. y Pardo, P. (1997). *Psicología Evolutiva (volumen 2).* Madrid. UNED.

Main, M. y Solomon, J. (1986). Discovery of a new, insecure-disorganized/disoriented attachment pattern. En: Brazelton, T. B. y Yogman, M. (eds.), *Affective development in infancy,* pp. 95-124. New Jersey. Ablex.

Martínez, G. (1998). *El juego y el desarrollo infantil.* Barcelona. Octaedro.

Martínez-Arias, R., Martín, J. y Díaz-Aguado, M. J. (2009). *Los métodos sociométricos en la psicología del desarrollo y educativa.* Madrid. FOCAD. Disponible en web: http://www.cop.es/focad/pdf/010-FOCAD-02.pdf

Méndez, F. X. (2002). *Miedos y temores en la infancia. Ayuda a los niños a superarlos.* Madrid. Pirámide.

Moncada, S. (1997). Factores *de Riesgo y Protección en el consumo de drogas (Ed.) Prevención de las Drogodependencias. Análisis y propuestas de actuación (pp. 85-101).* Madrid. PNSD.

Monjas, M. I., Sureda, I. y García-Bacete, F. J. (2008). ¿Por qué los niños y las niñas se aceptan y se rechazan? *Cultura y Educación, 20,* 479-492.

Moral Iglesias, L. (coord.) (2000). *Trastornos del comportamiento alimentario. Criterios de ordenación de recursos y actividades.* Madrid. Instituto Nacional de la Salud. Ministerio de Sanidad y Consumo.

Moreno, S. (2005). *Psicología del desarrollo cognitivo y adquisición del lenguaje.* Madrid. Biblioteca Nueva.

Muñoz, A. (2010). *Psicología del desarrollo en la etapa de educación primaria.* Madrid. Pirámide.

Navarro-Soria, I., y Grau-Company, S. (2010). La autoevaluación como eje vertebrador en el proceso de enseñanza-aprendizaje. En: Gómez Lucas, M. C. y Grau Company, S. *Evaluación de los aprendizajes en el Espacio Europeo de Educación Superior* (pp. 119-148). Alcoi. Marfil.

Notívol Gracia, M. (2001). Les pors, un lloc en els projectes. *Guix d'Infantil núm. 1.*

Oliva, A. (2010). *Desarrollo psicológico en las nuevas estructuras familiares.* Madrid. Ed. Pirámide.

Orden 1/2010, de 3 de mayo, de la Conselleria de Educación y de la Conselleria de Bienestar Social (DOGV n.º 6276), por la que se implanta la hoja de notificación de la posible situación de desprotección del menor, detectada desde el ámbito educativo en la Comunidad Valenciana y se establece la coordinación administrativa para la protección integral de la infancia.

Palacios, J., Marchesi, A., y Coll, C. (comps.) (1999). *Desarrollo Psicológico y Educación. Vol I. Psicología Evolutiva* (2.ª edición). Madrid. Alianza Psicología.

Palou Vicens, S. (2004). *Sentir y crecer. El crecimiento emocional en la infancia.* Barcelona. Graó.

Papalia, D. (2001). *Psicología del desarrollo.* Bogotá. Ed. McGraw-Hill.

Papalia, D., Wendkos, S. y Feldman, R. (2005). *Psicología del Desarrollo, De la infancia a la adolescencia.* 9.ª ed. Madrid. McGraw-Hill.

Parellada, C. (2005). "Els grups i les seves dinàmiques: el paper de les relacions i l'estimació". *Guix d'infantil , núm. 24,* 5-12.

Parlebas, P. (2001). *Juegos, deporte y sociedad.* Barcelona. Paidotribo.

Peña del Agua, A. (1995). La importancia de la edad en la evolución de los miedos infantiles. *Revista de psicología general y aplicada, 48(3),* 365-375.

Peralta, F. J. y Sánchez, F. J. (2003). Relaciones entre el autoconcepto y el rendimiento académico, en alumnos de Educación Primaria. Almería. *Revista Electrónica de Investigación Psicoeducativa y Tecnológica, 1,* 95-120.

Pérez, N. y Navarro, I. (2011). *Psicología del desarrollo humano: desde el nacimiento a la vejez.* Alicante. Editorial Club Universitario.

Pope, A., McHale, S. y Creighead W. (1996). *Mejora de la autoestima: Técnicas para niños y adolescentes.* Barcelona. Martínez Roca.

Programa Tres14, RTVE. (2011). *Adolescentes* [Vídeo].

Roca, E. (2007). *Cómo mejorar tus habilidades sociales. Programa de asertividad, autoestima e inteligencia emocional.* Valencia. ACDE Ediciones.

Roca, N. (2001). *La por: del més poruc al més valent.* Barcelona. Molino.

Rodrigo, M. J, y Palacios, J. (1998). *Familia y desarrollo humano.* Madrid. Ed. Alianza.

Rodríguez, D. (1992). *Entrenamiento auditivo y lectura. Tratamiento de las dificultades de la iniciación lectora.* Madrid. CEPE.

Rodríguez, V. M. (2003). *Guía breve para la preparación de un trabajo de investigación según el manual de estilo de publicaciones de la American Psychological Association (APA).* Extraído el 25 de febrero de 2010 desde http://biblioteca.sagrado.edu/guia-apa.htm

Ruiz, L. M. (1995): *Deporte y aprendizaje. Procesos de adquisición y desarrollo de habilidades.* Madrid:Visor

Ruiz, L. M., Gutiérrez, M., Graupera, J. L., Linaza, J. L., y Navarro, F. (2001). *Desarrollo, comportamiento motor y deporte.* Madrid. Síntesis.

Saborit, C., Julián, J. P. y Vaquer, A. (2002). *Adaptación curricular. Aplicación informática. NAC-ACS.* Castellón. Universidad Jaume I.

Torío López, S., Peña Calvo, J. y Rodríguez Menéndez, M. (2008). Estilos educativos parentales. Revisión bibliográfica y reformulación teórica. Teoría de la educación. *Revista interuniversitaria, 20.* Pp 151-178.

Toro, J. (2004). *Riesgo y causas de la anorexia nerviosa.* Barcelona. Ariel.

Torrego, J.C. (2005). *Mediación de conflictos en instituciones educativas. Manual para la formación de mediadores.* Editorial Narcea.

Vallés, A y Vallés, C. (1996). *Las habilidades sociales en la escuela. Una propuesta curricular.* Madrid. EOS Editorial.

Vallés, A. (1991). *El niño con miedos. Cómo ayudarle.* Alcoi. Marfil

Vallés, A. (1995). *Habilidades sociales 1.er Ciclo de Educación Primaria.* Alcoi: Marfil.

Vallés, A. (1995). *Habilidades sociales 2.º Ciclo de Educación Primaria.* Alcoi. Marfil.

Vallés, A. (1995). *Habilidades sociales 3.er Ciclo de Educación Primaria.* Alcoi. Marfil.

Vasta, R., Haith, M. y Millers, S. (2001). *Psicología Infantil.* Madrid. Ariel Psicología.

Vidal, J. (1989). *Manual para la confección de programas de desarrollo individual. Tomo II.* Madrid. EOS.

Vidal, J. y Ponce, M. (1989). *Manual para la confección de programas de desarrollo individual.* Tomo I. Madrid. EOS.

Vidal, J., Manjón, D. (1989). *Manual para la confección de programas de desarrollo individual* Tomo III. Madrid. EOS.

VV AA. (1999). *Prevención de la Anorexia y Bulimia desde la educación.* Formación. Madrid. CEP.

Yuste, C. (1991). *Inteligencia general y factorial.* Madrid. TEA.

Yuste, C. (1998). *Manual técnico de la batería de aptitudes diferenciales y generales BADYG E-2.* Ed. Madrid. CEPE.

Zabala, A. y Arnau, L. (2008). *Cómo aprender y enseñar competencias. 11 ideas clave.* Barcelona. Graó.

Zabala, A., y Arnau, L. (2008). *11 ideas clave. Cómo aprender y enseñar competencias.* Barcelona. Graó.

COMENTARIOS / OBSERVACIONES

CONTRATO DE APRENDIZAJE

ALUMNO/A_____
perteneciente al grupo_____ de la asignatura de Psicología del Desarrollo.

PROFESOR/A _____
Responsable del grupo _____

Fecha/s de entrega de las prácticas: _____

OBSERVACIONES

_____
_____
_____
_____
_____
_____

Firma del alumno/a   **Firma del profesor/a.**

9000000694798